Geri Scazzero mit Peter Scazzero

Jetzt ist Schluss!

Mein Aufbruch in ein
selbstbestimmtes Leben

Titel der amerikanischen Originalausgabe: **I Quit.**
Copyright © 2010 Geri Scazzero mit Peter Scazzero
Veröffentlicht mit Genehmigung von Zondervan, Grand Rapids, Michigan.

Deutsch von Antje Gerner
Lektorat: Renate Hübsch

Bibelzitate folgen i. d. R. der Übersetzung
Hoffnung für alle®, © 1983, 1996, 2002 by Biblica Inc.™.
Verwendet mit freundlicher Genehmigung des Verlags.
Alle weiteren Rechte weltweit vorbehalten.
Übersetzt und herausgegeben durch: Brunnen Verlag Basel, Schweiz.
Weitere verwendete Übersetzungen sind wie folgt gekennzeichnet:
L – Lutherbibel in der revidierten Fassung von 1984,
© 1985 Deutsche Bibelgesellschaft, Stuttgart.

© der deutschen Ausgabe:
2012 Brunnen Verlag Gießen
www.brunnen-verlag.de
Umschlagmotiv: Shutterstock, Getty Images
Umschlaggestaltung: Ralf Simon
Satz: Die Feder GmbH, Wetzlar
Herstellung: CPI – Ebner & Spiegel, Ulm
ISBN 978-3-7655-1499-3

*Für Maria, Christ, Faith und Eva
mit dem Wunsch, dass ihr tief im Herzen
die Liebe Gottes in Christus erfahrt,
die besser ist als das Leben*

Inhalt

Danksagung

Dieses Buch wäre ohne meinen Mann Pete nie geschrieben worden. Ich muss immer lange überlegen, bevor ich etwas zu Papier bringe, er hingegen ist der geborene Autor. Ich habe zwar die „Aufgaben" entwickelt, formuliert und damit das Grundgerüst für dieses Buch geschaffen, aber Pete war immer derjenige, der gesagt hat: „Du hast ein ganzes Buch in dir." *Jetzt ist Schluss!* ist vom ersten bis zum letzten Buchstaben Teamarbeit gewesen. Es spiegelt wider, was wir in einem Zeitraum von vierzehn Jahren über diesen fehlenden Aspekt geistlichen Wachstums gelernt haben.

Pete ist einfach wunderbar, und ich bin an seiner Seite sehr glücklich. Zu seinen sympathischsten Eigenschaften gehören seine Bescheidenheit und seine Bereitschaft, immer wieder dazuzulernen, zu wachsen und sich zu verändern. Für meine „Schlussstriche" ist er immer sehr empfänglich gewesen und stets bereit, sie auch auf sein Leben anzuwenden. Uns ist klar, dass es ein großes Vorrecht ist, diese wunderbare Reise, die wir „emotional gesunde Spiritualität" nennen, gemeinsam zu unternehmen und die Nähe zu genießen, die sie uns gebracht hat und weiter bringen wird. Nach sechsundzwanzig Jahren Ehe auf einem gemeinsamen Weg unterwegs zu sein, der uns zu ähnlichen Reifungserfahrungen verhilft, ist ein Geschenk, das ich sehr schätze.

Zwei Personengruppen haben mein Leben besonders beeinflusst. Da ist einmal meine Familie mit Eltern, Geschwistern und größerer Verwandtschaft, die mir immer ein Gefühl von Zugehörigkeit und liebevoller Annahme vermittelt hat. Ihr sorgt dafür, dass der unverzichtbare Wert und die Unterstützung der Familie in meinem Leben eine tragende Rolle behalten haben. Ihr habt mir ein unglaubliches Vermächtnis hinterlassen, für das ich immer dankbar sein werde. Ich hätte wohl nicht den Mumm gehabt, mein „Jetzt ist Schluss!" zu sagen, wenn ihr nicht die Voraussetzungen dafür in mir verankert hättet.

Die zweite Gruppe, der ich danken möchte, ist meine Gemeinde,

New Life Fellowship Church in New York. Unsere vielen gemeinsamen Jahre haben mich verändert. Ihr habt uns den Raum gegeben, im Blick auf geistliches Wachstum und emotionale Gesundheit neue Wege zu gehen – Pionierarbeit zu leisten. Seit einem Vierteljahrhundert sind wir einander vertrauensvoll und liebevoll verbunden. Danke, dass ihr eine Gemeinde seid, die die Einsichten, die dieses Buch vermittelt, in die Tat umsetzt.

Außerdem möchte ich Sandy Vander Zicht und Zondervan danken. Besonders für die Geduld, die sie brauchten, als sie sich auf meinen Wunsch eingelassen haben, dieses Buch müsse „ohne Stress" entstehen, und für Sandys bemerkenswertes Lektorat. Danke, Kathy Helmers, dass du dieses Anliegen in meinem Interesse vertreten hast.

Danke, Barbara und Chris Giamonna, für eure Freundschaft und euer Feedback – und für eure Liebe zu Jesus Christus und seiner Gemeinde.

Danke, Doug Slaybaugh, für deine Vision und deine prägende Mitarbeit an diesem Projekt. Vor einigen Jahren bist du in unser Leben getreten – gerade zur rechten Zeit.

Und schließlich möchte ich auch meinen „Engeln" aus dem Mittleren Westen danken. Als ich glaubte, ersticken zu müssen, habt ihr mir eine „Sauerstoffmaske" geschenkt. Eure großzügige Gastfreundschaft ist ein Geschenk und in entscheidenden Phasen unserer Arbeit hier in New York habt ihr mir genau das gegeben, was ich gerade brauchte. Meine Seele hat Sauerstoff getankt und ich konnte in den schwierigen zehn Anfangsjahren durchhalten. Durch euch hat Gott mich mit vielem beschenkt, was ich in bestimmten Phasen meines Lebens dringend brauchte. Ohne die vielen Beweise eurer Liebe und Freundlichkeit wäre ich vielleicht gar nicht mehr in New York.

Vorwort

Der größte Liebesbeweis, den Geri mir je erbracht hat, war ihr Entschluss, die Gemeinde zu verlassen, in der ich Pastor bin. Ja, natürlich empfand ich das als demütigend und war entsprechend wütend und aufgebracht. Aber Gott hat ihre mutige Entscheidung dazu benutzt, mein Leben grundlegend zu verändern. *Jetzt ist Schluss!* ist aus Geris Geschichte erwachsen. Aber ich bin überzeugt, dass wir alle eine ähnliche Geschichte haben; jeder gelangt hin und wieder an Punkte, an denen er Schluss machen muss. Jeder, der Jesus nachfolgt, muss die Grundhaltungen entdecken, die dieses Buch beschreibt und die – leider – vielfach gar nicht als Teil unseres geistlichen Wachstums verstanden werden. Aber sie sind davon nicht loszulösen.

Bisher bin vor allem ich der Nutznießer dieser Botschaft gewesen; denn ich habe jeden einzelnen der „Schlussstriche", die Geri in diesem Buch beschreibt, von ihr gelernt und durchbuchstabiert. In den vergangenen fünfzehn Jahren habe ich gelernt, wie und was ich aufgeben muss – als Vater, Ehemann und Pastor bzw. Gemeindeleiter. Das war anfangs schwierig; aber dieser Weg hat eine Freiheit und Freude in mein Leben gebracht, die für mich vorher völlig unvorstellbar gewesen sind.

Die Prinzipien von *Jetzt ist Schluss!* sind zur Grundlage für unser Engagement für geistliches Wachstum und emotionale Gesundheit und auch für die Führungskriterien in unserer Gemeinde, New Life Fellowship in Queens, New York, geworden. Ich bezweifle, dass es gelingen kann, gesunde, biblische Gemeinschaften aufzubauen, die das Evangelium wirksam in ihre Umwelt hineinsprechen und Menschen echte und tief greifende Veränderung ermöglichen, wenn nicht mutige Männer und Frauen die Herausforderung dieses Buches annehmen. Deswegen bin ich so begeistert, dass nun der Reichtum von Erfahrungen, den dieses Buch beschreibt, einer großen Leserschaft zugänglich ist.

Ich liebe Geri. Und sie ist alles andere als perfekt. Aber trotzdem kann ich auch nach sechsundzwanzig Jahre Ehe voller Überzeugung sagen: Sie ist meine Lieblingsheldin im wirklichen Leben. Ihr Leben ist das schönste Geschenk.

Peter Scazzero
Gründer und Pastor der New Life Fellowship Church
Queens, New York City

Einleitung:
Wenn man es einfach nicht mehr aushält

Dieses Buch fragt, wie man heute Jesus folgen kann – und woher wir den nötigen Mut nehmen, um das aufgeben zu können, was nicht zu einem Leben passt, in dem es vor allem um das Reich Gottes und um Gottes Herrschaft geht.

Christsein und Schluss machen, aufgeben, kapitulieren sind Begriffe, die wir traditionell nicht unbedingt in einem Atemzug nennen würden. Im Gegenteil: Ausdauer und Durchhaltevermögen stehen sehr viel höher im Kurs. Die Vorstellung, aufzugeben, ist vielen völlig fremd. In meiner Kindheit galten Menschen, die aufgaben, als schwach, als Spielverderber und als unreif. Für mich war es unvorstellbar, Gruppen oder Teams zu verlassen, zu denen ich gehörte oder in denen ich mitarbeitete. Ja, einmal gab ich kurzzeitig die Mitgliedschaft bei den Pfadfindern auf, trat aber schnell wieder ein. Aufgeben, hinschmeißen, kapitulieren – das sind keine Eigenschaften, die wir bewundern, weder bei uns noch bei anderen.

Wenn ich von Aufgeben spreche, meine ich nicht Schwäche oder Kapitulation aus Verzweiflung. Im Gegenteil: Ich meine die Fähigkeit, einen entschlossenen Schlussstrich unter ein bestimmtes Kapitel meines Lebens zu setzen. Diese Art von Aufgeben setzt vielmehr Stärke voraus

> *Wenn ich von Aufgeben spreche, meine ich nicht Schwäche oder Kapitulation aus Verzweiflung.*

und die klare Entscheidung, wahrhaftig leben zu wollen. Sie erfordert, dass unsere Illusionen sterben. Aufgeben in diesem Sinn meint ein Verhalten, das nicht länger vorgibt, es sei alles in Ordnung, wenn eben nicht alles in Ordnung ist. Dass wir so sehr an Illusionen festhalten, ist ein universelles Problem – in Ehe, Familie, Freundschaften und am Arbeitsplatz. Auch in Gemeinden wird leider häufig so getan, als sei alles in Ordnung, obwohl das nicht stimmt, und dabei sollten doch gerade hier Wahrheit und Liebe am hellsten strahlen.

Biblisches *Aufgeben* hängt untrennbar mit *Entscheidungen* zusammen. Wenn wir aufgeben, was uns oder anderen schadet, gewinnen wir damit die Freiheit, für unser Leben und unsere Beziehungen Wege zu wählen, deren Ausgangspunkt Liebe ist und die damit zu Wegen ins Leben werden. Wir ziehen einen Schlussstrich und machen uns auf einen neuen Weg. Einige Beispiele:

Wenn wir die Furcht davor *aufgeben*, was andere über uns denken, *wählen* wir Freiheit.

Wenn wir Lügen *aufgeben*, *wählen* wir Wahrheit.

Wenn wir Schuldzuweisungen *aufgeben*, *wählen* wir Eigenverantwortung.

Wenn wir falsches Denken *aufgeben*, *wählen* wir ein Leben in der Realität.

Durch Aufgeben können wir das ablegen, was die Bibel Falschheit und das alte Leben nennt. Paulus schreibt dazu: „Ihr sollt euer altes Leben ablegen … Zieht das neue Leben an … Ihr gehört zu Gott und lebt so, wie es ihm gefällt. Belügt einander also nicht länger, sondern sagt die Wahrheit" (Epheser 4,22-25).

Wenn wir aus den richtigen Gründen aufgeben, verändert uns das. Etwas in uns löst sich, wenn wir endlich sagen: „So nicht mehr. Jetzt ist Schluss!" Der Heilige Geist wirkt eine neue Entschlossenheit. Wir können unsere Ängste und unsere Abwehrhaltung hinter uns lassen. Der harte Boden unseres Herzens wird weich und aufnahmefähig für neues Wachstum und neue Möglichkeiten.

Alles auf der Welt hat seine Zeit, sagt die Bibel (Prediger 3,1). Auch das Aufgeben. Aber die Gründe müssen stimmen, der Zeitpunkt muss passen und auch die Art und Weise. Und genau darum geht es in diesem Buch.

Das Seil zerschneiden

1985 in den peruanischen Anden: Simon Yates und sein Kletterpartner Joe Simpson haben gerade den Gipfel eines über 6000 Meter hohen Berges erklommen, als das Unglück passiert: Simpson stürzt ab und bricht sich mehrfach das Bein. Am Himmel ziehen dunkle Wolken auf; ein Schneesturm bricht los. Yates versucht, seinen verletzten Freund vorsichtig abzuseilen und ihn so in eine sichere Position zu bringen. Joe Simpson fällt jedoch über einen Felsvorsprung und hängt hilflos in der Luft. Yates versucht verzweifelt, seinen Partner zu halten, aber irgendwann verlassen ihn die Kräfte und er muss eine grausame Entscheidung treffen: Das Seil durchschneiden und damit das eigene Leben retten, aber den Partner in den sicheren Tod schicken – oder bei einem erneuten Rettungsversuch selbst sterben.

Yates beschreibt später diese schrecklichen Augenblicke:

> Ich konnte nichts tun. Eineinhalb Stunden lang lag ich einfach nur da. Meine Lage wurde immer verzweifelter ... Der Pulverschnee gab unter meinem Gewicht immer mehr nach und ich rutschte buchstäblich den Berg hinunter. Dann fiel mir mein Taschenmesser ein, und plötzlich war klar, was ich tun musste. Unter den gegebenen Umständen erschien mir die Entscheidung mehr als richtig. An Ort und Stelle zu bleiben war unmöglich, denn früher oder später würde ich hinunterstürzen. Ich zog das Taschenmesser heraus.

Yates kappt das Seil nur wenige Augenblicke, bevor er selbst über die Felskante in den Tod gestürzt wäre.

In der Annahme, sein Partner sei tot, kehrt Yates zum Basislager zurück – voll Trauer und mit quälenden Schuldgefühlen. Wie durch ein Wunder hat Joe Simpson den Sturz jedoch überlebt. Er kriecht über Gletscher und Felsen zurück ins Lager und erreicht es schließlich nur wenige Stunden, bevor Simon Yates aufbrechen und ins Tal zurückkehren will. Yates' Beschreibung des Moments seiner Entscheidung, das Seil zu kappen, drückt den inneren Kampf aus, den jeder bestehen muss, der sich sagt: „Schluss jetzt!"

> Nie zuvor hatte ich mich so allein gefühlt. Hätte ich das Seil nicht durchgeschnitten, hätte ich sicherlich nicht überlebt. Wer schneidet schon einfach so das Seil durch? So schlimm kann das doch gar nicht gewesen sein! Warum hast du nicht noch dies versucht oder jenes? Ich hörte schon die Fragen und sah den Zweifel in den Augen derer, die meine Geschichte akzeptierten. Es war bizarr – und es war grausam ... Unzählige Male versuchte ich mich selbst davon zu überzeugen, dass ich keine andere Wahl gehabt hatte, aber immer blieb der quälende Gedan-

ke, dass es auch anders hätte gehen können. Mein Handeln erschien mir wie Blasphemie. Das ging gegen jeden Instinkt: selbst gegen den der Selbsterhaltung. Gegen das Gefühl, Schuld auf mich geladen zu haben und ein Feigling zu sein, kamen keine rational begründeten Argumente an. Ich erwartete Strafe und fand Strafe auch angemessen als Sühne dafür, dass ich ihn getötet hatte, so als ob allein der Umstand, überlebt zu haben, ein Verbrechen sei.[1]

Aufgeben kann sich anfühlen wie das Durchtrennen einer Rettungsleine, das einen Menschen, möglicherweise sogar uns selbst, in den sicheren Tod schickt. Darum ist dieser Gedanke für viele so unvorstellbar, besonders in christlichen Gemeinden. Er erscheint „bizarr" und „grausam". Wer möchte sich schon gern unbeliebt machen, Staub aufwirbeln oder „geordnete" Verhältnisse stören? Ich bestimmt nicht.

Aber es kommt der Punkt, an dem wir eine bestimmte Schwelle überschreiten und es einfach nicht mehr aushalten können. Wie Simon Yates wissen wir: Wir werden sterben – spirituell, emotional oder in anderer Hinsicht –, wenn wir nicht kapitulieren, einen Schlussstrich ziehen und ganz bewusst einen anderen Weg einschlagen. Wir setzen uns endlich über unsere Ängste hinweg und tun den ersten Schritt hinein in das große unbekannte Land, das vor uns liegt.

Andere Bergsteiger kritisierten Simon Yates dafür, dass er die heilige Regel des Bergsteigens verletzt hatte – niemals den Partner zurücklassen –, selbst wenn es für beide den Tod bedeutet. Joe Simpson selbst verteidigte Yates' Entscheidung, das Seil zu durchtrennen, vehement. Sie hatte letztlich beiden das Leben gerettet.

Der unfreie Christ

Ich war neunzehn, als ich zum Glauben fand. Ich studierte damals am College, und diese Entscheidung bedeutete für mich einen radikalen Wandel. Ich war förmlich überwältigt von Gottes unglaublicher Liebe und begab mich auf eine leidenschaftliche Suche nach diesem lebendigen Jesus. Was immer nötig war, um ihm zu gefallen, ich wollte es tun.

Ab dem Zeitpunkt meiner Bekehrung strukturierte ich mein Leben nach geistlichen Prinzipien: Bibellesen, Bibelverse auswendig lernen, Gebet, Gemeinschaft, Gottesdienst, Fasten, Spenden, Dienen, Rückzug in die Stille und Bekennen meines Glaubens vor anderen. Ich wollte Christus ähnlicher werden und verschlang geradezu Bücher darüber, wie wichtig geistliche Übungen sind, von Autoren wie Richard Foster, J. I. Packer und John Stott. Durch sie verstand ich den christlichen Glauben zunehmend besser, und sie halfen mir, Christus zur Mitte meines Lebens zu machen. Allerdings verstand ich dabei eine große Wahrheit nicht: dass zu einem gesunden spirituellen Leben eine gesunde Balance gehört – die Balance zwischen dem Eingehen auf Bedürfnisse und Wünsche anderer und der Berücksichtigung der eigenen Bedürfnisse und Wünsche. Mein Schwerpunkt lag stattdessen auf der Sorge und dem Einsatz für andere – auf Kosten meiner eigenen Seele.

Der verborgene Schmerz und das innere Grollen über dieses Ungleichgewicht staute sich in mir an und führte zu meiner ersten großen „Kapitulation". Ich war siebenunddreißig. Nach siebzehn engagierten Jahren als überzeugte Christin wurde mir klar, dass meine exzessive Selbstverleugnung aus mir eine freudlose und von Schuldgefühlen geplagte Frau gemacht hatte. Jesus hatte mich

Jesus lud mich zu einem Festmahl ein, aber ich fühlte mich eher wie eine Sklavin.

zu einem Fest eingeladen, aber ich fühlte mich eher wie eine Sklavin, die schuftet, um die Gäste zu bedienen, und von dem Festessen selbst nichts hat. Meine Beziehung zu Jesus hatte sich verändert: Die große Freude über seine überwältigende Liebe war dem bitteren Gefühl gewichen, dass mich seine Erwartungen an mich schlicht überforderten.

Ich hatte immer andere an erste Stelle gestellt und dadurch meine eigene Identität mehr und mehr verloren. Ich dachte nur noch daran, was unsere vier Töchter brauchten. Ich machte mir Sorgen um die große Verantwortung, die Pete trug. Wo immer in unserer wachsenden Gemeinde Hilfe gebraucht wurde – ich war da. Das alles ist an sich nichts Schlechtes. Aber bei mir war die Liebe nicht länger ein Geschenk, mit dem ich verschwenderisch umgehen durfte; sie war zu einem „Muss" verkümmert. Fälschlicherweise dachte ich, ich hätte keine andere Wahl.

Erst ein neues Verständnis meiner eigenen Würde und menschlicher Grenzen machte es möglich, dass ich begann, mich auf eine Art und Weise abzugrenzen, die vor allem mir selbst guttat. Mir wurde schnell klar, dass das der entscheidende Punkt sein würde, wenn ich anderen meine Liebe wieder als aufrichtiges und echtes Geschenk anbieten wollte. Liebe muss umsonst sein, so wie Gottes Liebe zu uns. Und daran, wie sehr ich mich selbst schätzte und liebte, machte sich fest, in welchem Maß ich anderen mit Liebe begegnen konnte.

Sterben um zu leben

Etwas aufgeben heißt, sich ganz von Dingen zu lösen, die im Leben eines Christen nichts zu suchen haben. Das ist immer auch ein bisschen wie Sterben und mit das Schwierigste im Leben eines Christen. Die gute Nachricht dabei: Der Akt des Aufgebens markiert nicht nur ein Ende, sondern auch einen Anfang. Ein solches Aufgeben im Sinn des Evangeliums ist Gottes Weg dahin, dass Neues in unserem Leben geschieht; sein Weg zur Auferstehung. Und doch ist dieser Weg hin zu einer Auferstehung niemals leicht.

Innere Stimmen schüren Ängste:
- „Was denken die anderen?"
- „Ich bin bloß egoistisch; das hat mit Nachfolge nichts zu tun."
- „Ich werde alles vermasseln."
- „Andere werden verletzt werden."
- „Meine Welt wird sich auflösen."
- „Ich werde meine Ehe gefährden."

Alles in uns wehrt sich gegen den Schmerz, der mit dem Sterben zusammenhängt – der unabdingbaren Voraussetzung für Auferstehung.

So geben wir – in einer Art kurzfristiger Entlastungsstrategie – unseren Ängsten nach. Aber langfristig führt das zu schmerzhaften Konsequenzen: anhaltende innere Zerrissenheit, Freudlosigkeit und wachsende Verbitterung. Wir treten auf der Stelle und können keine wirkliche Frucht mehr für Christus bringen. In meinem Fall führte diese Strategie zu einem „Schrumpfherzen", und ich ging Menschen lieber aus dem Weg, als ihnen liebevoll zu begegnen.

Fest steht: Nur durch Sterben können wir wirklich leben. Oder – um es mit den Worten Jesu zu sagen: „Wer sich an sein Leben klammert, der wird es verlieren. Wer aber sein Leben für mich und für Gottes rettende Botschaft einsetzt, der wird es für immer gewinnen" (Markus 8,35). Genau das passierte, als ich endlich kapitulierte und aufgab – ich habe mein Leben zurückbekommen. Und nicht nur das. Es folgten noch viele Veränderungen, die sich nicht nur auf mich auswirkten, sondern auch auf Pete, auf unsere Ehe, unsere Kinder, unsere Gemeinde und unzählige andere Menschen.

Aufgeben hat mein Herz gereinigt. Ich musste mir Wahrheiten eingestehen, denen ich lieber aus dem Weg gegangen wäre. Fehler und Versäumnisse in Charakter, Ehe, Erziehungsarbeit und Beziehungen zuzugeben, war beängstigend. Manchmal hatte ich das Gefühl, als würde ich das Seil kappen, das am Berg mein einziger Halt war. Aber Gott hat den freien Fall genutzt, um mein Herz zu reinigen und mir seine Gnade und Barmherzigkeit nur umso intensiver vor Augen zu stellen. Ich

Ich musste mir Wahrheiten eingestehen, denen ich lieber aus dem Weg gegangen wäre.

habe ein tieferes Bewusstsein für meine eigene Sündhaftigkeit entwickelt, gleichzeitig aber auch immer mehr von Gottes leidenschaftlicher und unbeirrter Liebe für mich verstanden.

Durch mein „Jetzt ist Schluss!" wurde die Ehe mit Pete so, wie ich sie mir immer erträumt hatte. Als wir erst einmal anfingen, ungesunde Beziehungsmuster auszuräumen und uns neue, emotional gesunde Verhaltensweisen anzueignen, haben wir in unserer Ehe ganz konkret die Liebe erlebt, die Christus für seine Braut, die Gemeinde, empfindet. Auch alle anderen Beziehungen haben sich verändert: zu unseren Kindern, Verwandten und der größeren Gemeinschaft der New Life Fellowship Church.

Aufgeben hat mich gelehrt, den richtigen Dingen gegenüber loyal zu sein. *„Jetzt ist Schluss!"* – das mag so klingen, als ginge es nur darum, etwas zurückzulassen. Aber mir hat es geholfen, mich neu und ganz konsequent für das Richtige zu engagieren. Ich habe gelernt, anderen aufrichtig und nicht nur widerwillig zu dienen. Im Galaterbrief beschreibt Paulus sehr anschaulich das Paradox, das mit dem Aufgeben zusammenhängt:

> Was geschieht, wenn wir so leben, wie Gott es will [*wenn wir aufgeben*]? Er bringt Gaben in unser Leben, so wie Früchte, die in einer Obstplantage wachsen – Dinge wie Zuneigung zu anderen, Lebendigkeit, Gelassenheit. *Wir entwickeln die Bereitschaft zur Konsequenz,* ein von Herzen kommendes Mitgefühl und die Überzeugung, dass Dinge und Menschen von einer fundamentalen Heiligkeit durchdrungen sind. *Verpflichtungen kommen wir loyal nach, wir müssen uns den Weg durchs Leben nicht mit Gewalt ebnen, sondern können unsere Kraft in aller Weisheit einteilen und einsetzen* (Galater 5,22.23, wörtliche Übersetzung aus *The Message*, Hervorhebung durch die Autorin).

Ich hätte mir nie träumen lassen, dass meine Kapitulation, mein Aufgeben, meine Schlussstriche zu dieser Art von Freiheit und fruchtbarem Leben führen würde. Und auch die Früchte des Heiligen Geistes, um die ich mich vorher so angestrengt bemüht hatte, sind von ganz allein gewachsen – weil ich Gottes Weg gefolgt bin und nicht länger meinem eigenen. Das ist ein Wunder vor meinen Augen, und ich möchte es gegen nichts in der Welt eintauschen.

Was ich letztendlich entdeckte, indem ich kapitulierte, war ein Weg zum wahren Sinn des Lebens: verwandelt zu werden durch die Liebe Gottes und durch das anhaltende Wirken des Heiligen Geistes fähig zu werden, auch anderen in dieser Liebe zu begegnen.

In den folgenden Kapiteln wird es um acht Felder der Kapitulation, acht Schlussstriche oder „Auf-gaben" gehen, wobei dieser Begriff bewusst in einer doppelten Bedeutung verwendet wird, die Sie sicherlich schnell entdecken werden.

Die einzelnen Kapitel bauen zwar aufeinander auf und sollten wenn möglich der Reihe nach gelesen werden, aber jedes ist in sich abgeschlossen. Es kann sein, dass eine Überschrift genau in Ihre Lebenssituation spricht und Sie daher mit dem entsprechenden Kapitel anfangen wollen. Sie sollten dann aber wieder zum Anfang zurückkehren, um zu entdecken, wie der Inhalt dieses Kapitels in das Gesamtbild passt.

Die Entscheidung, eine bestimmte Sache oder ein Verhalten aufzugeben, ist nichts Einmaliges. Entscheidungen dieser Art werden uns ein Leben lang begleiten und wohl nie endgültig abgeschlossen sein. Dieses Buch möchte Ihnen auf diesem Weg eine Hilfe sein – ein Leben lang. Und wenn Sie sich nun auf diesen Weg des Aufgebens machen, sollten Sie noch etwas wissen: Sie müssen nicht alles allein bewältigen. Etwas (oder jemanden) aufgeben ist ein sehr komplexer Vorgang, der allein nicht immer leicht zu durchschauen ist. Suchen Sie sich kluge und erfahrene Mentoren, die Sie dabei unterstützen. Es ist wichtig, dass wir merken, wann wir etwas aufgeben sollten, aber mindestens ebenso wichtig ist die Erkenntnis, was (noch) nicht dran ist.

1
Schluss mit: Was denken die anderen von mir?

„Jetzt ist endgültig Schluss!", sagte ich zu meinem Mann. „Ich verlasse unsere Gemeinde. Sie bringt mir kein neues Leben, sie bringt mich um. Ich suche mir eine andere."

Seit Monaten schon hatte ich diesen Schritt mit mir herumgetragen und mir vorgestellt. Mein Mann war Pastor der Gemeinde, daher war das keine leichtfertig getroffene Entscheidung. Immer wieder hatte ich in den letzten Jahren versucht, mehr Aufmerksamkeit von Pete zu bekommen, ihn dazu zu bringen, meine Müdigkeit und meinen Frust zu bemerken. Vergeblich. Und nun war ich endgültig am Ende.

„Das kannst du nicht machen", erwiderte Pete, sichtlich verärgert. „Das ist lächerlich."

Ich schwieg, entschlossen, diesmal nicht klein beizugeben.

„Was ist mit den Kindern? Wo sollen sie in Zukunft hingehen? Das wird nicht funktionieren. Hab noch ein Jahr Geduld, dann wird sicherlich alles leichter."

Er führte weitere Gründe dafür an, warum meine Idee, diese Gemeinde aufzugeben, nicht gut war, und mit jedem Satz, den er sagte, spürte ich, dass seine Angst wuchs.

„Was ist mit Gott? Hat er uns nicht beide in diese Arbeit berufen? Schau auf all das Gute, das er wirkt. Menschen erleben echte Veränderung!"

Damit hatten sich sämtliche Gegenargumente erledigt. Diesen „frommen Trumpf" hatte Pete von Anfang an in unserer Ehe ausgespielt.

Seit Jahren schon fühlte ich mich von Pete zurückgewiesen und ignoriert, und jetzt war mir alles egal. Schlimmer konnte es nicht mehr werden. Pete investierte so viel Zeit und Arbeit in die Gemeinde, dass es mir vorkam, als würde ich unsere vier Töchter ganz allein erziehen.

Erst vor einigen Monaten hatte ich ihm gesagt: „Mein Leben wäre um einiges leichter, wenn wir uns trennen würden. Denn dann müsstest du zumindest an den Wochenenden die Kinder nehmen und ich hätte auch mal Zeit zum Durchatmen." Das war mir zwar durchaus ernst, aber im Grunde doch eine leere Drohung. Mein Bedürfnis, den Erwartungen anderer gerecht zu werden, war viel zu groß, als dass ich wirklich konsequent für meine eigene Sache gekämpft hätte.

Ich war zu diesem Zeitpunkt bereits seit vielen Jahren Christin, aber was meine Identität bestimmte, war nicht in erster Linie Gottes Liebe zu mir, sondern die Frage: Was denken die anderen über mich? Die negativen Auswirkungen dieser Haltung zogen sich durch alle Lebensbereiche – meine Ehe, mein Verhältnis zu meinen Kindern, meine Freundschaften, meine Mitarbeit in der Gemeinde, sogar meine Hoffnungen und Träume.

Aber jetzt hatte ich die Angst davor, was andere über mich denken oder sagen könnten, verloren. Denn ich hatte nichts mehr zu verlieren. Ich hatte so viel von mir aufgegeben, dass ich mich selbst kaum noch wiedererkannte. Die kreative, extrovertierte, positive Geri, mit der jeder gerne zusammen war, gab es nicht mehr. Ich war nur noch mürrisch, depressiv, müde und wütend.

Unsere Gemeinde wuchs, und viele Menschen erlebten radikale Veränderungen, aber der Preis dafür war schlicht zu hoch und ich war nicht länger gewillt, ihn zu zahlen. Die ganze Welt für Christus zu gewinnen, dabei aber meine eigene Seele zu verlieren – das konnte einfach nicht richtig sein.

Die harte Wahrheit lautete: Das eigentliche Problem war ich selbst. In mir würde sich Grundlegendes ändern müssen.

Ich jammerte Pete vor, wie unglücklich ich war, und machte ihn für mein Elend verantwortlich. Verschlimmert wurde die Lage noch dadurch, dass ich mich schämte und Schuldgefühle entwickelte. Eine gute Pastorenfrau war doch schließlich kooperativ und zufrieden! Ich war an einem Punkt angelangt, an dem es mir so schlecht ging, dass es mich nicht die Spur interessierte, was *andere* von mir dachten. Es war mir egal, ob sie mich als „schlechte Pastorenfrau" oder auch als „schlechte Christin" sahen.

Ich wollte nur noch weg.

Jemand, der nichts mehr zu verlieren hat – so sagt man –, entwickelt ungeahnte Kräfte. Und genauso ging es mir jetzt.

Schon in der folgenden Woche ging ich in eine andere Gemeinde.

Im Rückblick bin ich traurig und zutiefst beschämt darüber, dass es so lange gedauert hat, bis ich endlich aktiv wurde. Die Angst davor, was andere denken könnten, hatte mich viele Jahre gelähmt.

Dieser Entschluss, die Gemeinde zu verlassen, war nur der erste kleine Schritt hin zu echter Freiheit in Christus. Ich sollte noch lernen, dass das eigentliche Problem nicht die Gemeinde war ... oder Pete ... oder das New Yorker Verkehrschaos ... oder unsere vier kleinen Kinder. Die harte Wahrheit lautete: Das eigentliche Problem war ich selbst. In mir würde sich Grundlegendes ändern müssen.

Ich bin okay – wenn andere das sagen

Unbewusst waren Pete und ich so etwas wie emotionale siamesische Zwillinge geworden. Auf ungesunde Art und Weise waren wir „zusammengewachsen". Ich wollte, dass Pete denkt und fühlt wie ich; Pete wollte, dass ich denke und fühle wie er. An das Gemeindegründungsprojekt in New York sollte ich mit derselben Begeisterung und Leidenschaft herangehen wie er. Ich wiederum erwartete, dass er merkte, wie sehr ich unter den Problemen in unserem Leben litt – viel Arbeit, wenig Geld, keine Erholungspausen, schwierige Menschen.

Außerdem hatten wir uns angewöhnt, die Verantwortung für die Gefühle des anderen zu übernehmen. Traurigkeit, Wut oder Angst von Petes Seite fielen sozusagen in mein „Ressort" und umgekehrt. Wir agierten nicht mehr miteinander, sondern reagierten nur noch aufeinander. Wir bauten einen Schutzwall gegen Emotionen auf, indem wir bagatellisierten, Schuldzuweisungen machten und Aussagen anzweifelten. Es erforderte einen radikalen chirurgischen Eingriff, unsere emotionalen Welten voneinander zu trennen. Wir waren als Einzelpersonen nicht Individuum genug, um in der Ehe echte Verbindung und Gemeinschaft genießen zu können. Aber ich fürchtete die negativen Konsequenzen, wenn ich aus unserem emotionalen Eiertanz ausstieg. Pete war kein Unmensch, aber trotzdem rührte Ablehnung von seiner Seite an den Kern meiner Identität: Wenn Pete böse auf mich war, musste ich wohl böse sein. Allein der Gedanke, Pete – oder jemand anderes – könnte schlecht von mir denken, war für mich der pure Horror. Es fühlte sich an wie Sterben.

Aber eines war auch klar: Ich war ja schon mehr tot als lebendig. Ich konnte kaum noch atmen.

In den ersten neun Jahren unserer Ehe passte ich mich Petes Wünschen vollständig an. Den Wunsch, zurück in den Schuldienst zu gehen, verwarf ich schnell, weil eine berufliche Tätigkeit meinerseits sich nicht mit Petes vollem Terminkalender vereinbaren ließ. Ich vermied es, schwierige Themen anzusprechen, die zu Spannungen hätten führen können. Ich konnte es nicht aushalten, wenn Pete grollte oder ärgerlich auf mich war. Was sollte ich tun? Würde er nicht darunter leiden, wenn ich plötzlich anfing, ein selbstbestimmtes Leben zu führen?

Ich merkte sehr schnell, dass dieses Thema mehr betraf als nur meine Beziehung zu Pete. Ungesunde Muster von Selbstaufopferung und Anpassung durchzogen mein Leben auch in anderen Bereichen – in Freundschaften, in der Gemeinde, zu meinen Kindern und meiner Herkunftsfamilie.

Die meisten Menschen freuen sich, wenn ihnen – verbal oder nonverbal – vermittelt wird: Du bist in Ordnung. Das ist bei mir nicht anders und das ist ja auch gut so. Ich genieße das Gefühl, unterstützt und akzeptiert zu werden. Schwierig wird es allerdings, wenn ich ohne Bestätigung durch andere nicht mehr leben kann und sie unbedingt haben *muss*. Leider war das bei mir der Fall. Anders ausgedrückt: Ich fand mich okay, wenn ich das Gefühl hatte, dass andere mich okay finden.

Wann bin ich okay?

Auf die Bestätigung anderer zu warten, um uns selbst gut fühlen zu können – das steht in direktem Widerspruch zum biblischen Denken in diesem Punkt. Unsere Liebens-Würdigkeit, d. h. das Gefühl, gut genug und der Liebe der anderen würdig zu sein, okay zu sein, sollte sich nicht am Urteil anderer festmachen, sondern an zwei grundlegenden Sachverhalten:

Wir sind nach Gottes Bild geschaffen. Als Ebenbilder Gottes haben wir einen selbstverständlichen, ganz natürlichen Wert. Wir sind geheiligte Kostbarkeiten, unglaublich wertvoll, und kein Verhalten, keine Tat wird daran etwas ändern.

Wir haben in Christus eine neue Identität. Wenn wir uns auf eine persönliche Beziehung mit Christus einlassen, finden wir in ihm eine ganz neue Identität vor Gott. Er hat eine neue Beziehung zu Gott für uns ermöglicht. Wir sind liebenswert, „okay" und gut genug – durch Christus. Wir müssen das nicht mehr beweisen.

Ich weiß nicht, wie viele Jahre lang ich wichtige Bibelverse auswendig lernte, Galater- und Römerbrief studierte und über die Gerechtigkeit, die Christus mir zuspricht, als Grundlage meines Lebens und Seins meditierte. Und trotz alledem blieben weite Bereiche meiner Persönlichkeit unberührt von der Realität dieser Liebe, die Jesus für mich bereithat. Meine Alltagsrealität sah so aus, dass ich nicht deshalb liebenswert war, weil Gott in seiner Liebe mich ansah und mit mir Beziehung haben wollte; sondern ich war liebenswert durch die möglichst positive Wahrnehmung meiner Person durch andere. Die Leute sollten mich unbedingt für eine gute Christin und für einen guten Menschen halten. Also sagte ich häufig Ja, wenn ich eigentlich Nein sagen wollte, auch wenn es mir schlecht ging.

Weite Bereiche meiner Persönlichkeit blieben unberührt von der Wahrheit, dass Christus mich liebt.

In meinem Kampf darum, mich von meiner Abhängigkeit vom Urteil anderer zu befreien, fühle ich mich Petrus verwandt. Nachdem Jesus gefangen genommen wurde, verlassen ihn die zwölf Jünger und fliehen. Petrus jedoch folgt ihm zum Sitz des Hohenpriesters, wo der Prozess stattfindet. Dort wird er gleich mehrmals als Freund und Anhänger dieses Jesus erkannt. Dreimal leugnet er, ihn überhaupt zu kennen. Die Angst vor Ablehnung ist stärker als das, was sein Verstand, sein Intellekt und sein Herz als wahr erkannt haben. Schließlich hatte Petrus nur einige Zeit zuvor ganz klar in Jesus den Messias erkannt. Aber diese Überzeugung war wohl nicht tief genug verankert, als dass sie einer möglichen Ablehnung bzw. Missbilligung standgehalten hätte (Matthäus 26,31-75).

Und so war auch meine Identität nicht so in Jesus verankert, wie ich es mir eigentlich vorgestellt hätte. Obwohl meine Ehe und auch meine Gemeinde über Jahre hinweg Hauptursachen für meinen Schmerz waren, wollte ich an beiden nicht rühren. So wie Petrus konnte ich Ablehnung und Missbilligung nicht ertragen. Am Ende musste ich mir eingestehen, dass mich vor allem die Angst vor dem, was andere über mich denken könnten, davon abhielt, gesunde Veränderungen in Angriff zu nehmen.

Diese schockierende Einsicht hat mich bis in meine Grundfesten erschüttert. Mein Leben war eine einzige Täuschung – so wie bei Petrus. Ich glaubte an Jesus als Herrn und Erlöser und erlebte auch die Liebe Gottes – irgendwie –, aber trotzdem gab mir das nicht die Sicherheit, die ich gebraucht hätte, um die Angst vor der Meinung der anderen abzulegen.

Biblische Helden auf dem Holzweg

Mit dieser Suche nach Anerkennung stehen wir nicht allein da. Die Bibel ist voller Beispiele von Menschen, die mit einem prüfenden Blick auf andere feststellen wollten, ob sie okay sind, und sich dadurch vom Eigentlichen haben ablenken lassen.

Abraham lügt aus Angst um die eigene Sicherheit – der Angst davor, was der ägyptische König wohl denken würde, wenn er herausfände, dass Sara Abrahams Frau ist (1. Mose 12,10-20; 20,1-28).

Jakobs Leben ist bestimmt von der Angst davor, was andere über ihn denken. Lieber beteiligt er sich an den Lügen seiner Mutter, anstatt zur Wahrheit zu stehen (1. Mose 27).

Ruben will seinen Bruder Josef eigentlich retten, anstatt ihn als Sklaven zu verkaufen, aber dem Druck seiner neun Brüder kann er nicht standhalten. Was würden sie denken, wenn er als Einziger seinen jüngeren Bruder Josef verteidigte? Also beugt er sich dem Druck und beteiligt sich an einem schrecklichen Verbrechen (1. Mose 37,12-36).

Aaron lässt sich mitziehen von der allgemeinen Unzufriedenheit des Volkes Israel, als Mose nach vierzig Tagen immer noch nicht vom Berg Sinai zurück war. Das Volk will einen Gott zum Anfassen und Aaron gibt schließlich nach und gießt ein goldenes Kalb, um die Sorge der Menschen zu beruhigen (2. Mose 32).

Ich musste mir eingestehen, dass mich vor allem die Angst vor dem, was andere über mich denken könnten, davon abhielt, gesunde Veränderungen in Angriff zu nehmen.

Timotheus war von Natur aus ängstlich und wohl nicht gerade durchsetzungsstark. Das hätte fast dazu geführt, dass in der Gemeinde in Ephesus Irrlehrer das Zepter in die Hände bekamen (1. Timotheus 1).

In jedem dieser Beispiele hat der Hang, Bestätigung und Anerkennung mehr bei anderen als bei Gott zu suchen, katastrophale Folgen – für die Betreffenden selbst, für ihre Beziehung zu Gott und für die Menschen, die sie liebten. Genauso ist es bei uns.

Holzweg heute

Wir behaupten, Christus habe unser Leben verändert. Hat er das wirklich? Wenn ja, in welchem Ausmaß? Stellen Sie sich einmal folgende Situationen vor:

Sie treffen sich mit Freunden in einem Restaurant. Eigentlich können Sie sich das finanziell überhaupt nicht erlauben, aber Sie freuen sich auf einen schönen Abend und gehen mit. Um das Budget nicht zu sehr zu strapazieren, bestellen Sie Salat und Wasser, die anderen jedoch langen hemmungslos zu: Vorspeise, Hauptgericht, Nachtisch, Getränke. Sie bemerken, dass die Kellnerin alles auf eine Rechnung schreibt, und werden nervös. Im Stillen beten Sie, dass nicht am Ende der Betrag einfach durch die Zahl der Anwesenden geteilt wird.

„Das würden sie nie tun, so unsensibel sind sie nicht", murmeln Sie vor sich hin, um sich Mut zuzusprechen.

Sie verbringen zwei schöne Stunden miteinander und plötzlich ruft jemand begeistert in die Runde: „Warum teilen wir uns nicht einfach die Rechnung? Das sind ungefähr fünfundzwanzig Dollar pro Person, Trinkgeld inklusive."

„Gute Idee", schallt es von allen Seiten.

„Fünfundzwanzig Dollar!", denken Sie verärgert. „So viel wollte ich gar nicht ausgeben. Aber was soll ich machen?"

Innerlich sterben Sie einen kleinen Tod, aber Sie sagen nichts, weil die Stimmung gerade so nett ist und Sie nicht als knickerig gelten wollen. Sie bezahlen den Betrag mit einem unguten Gefühl und dem festen Vorsatz, dass Ihnen so etwas nie wieder passieren wird. Einige Wochen später lehnen Sie eine Verabredung mit denselben Freunden mit der Lüge ab, Sie hätten bereits etwas anderes vor.

Ein weiteres Beispiel.

Beate ist engagiertes Gemeindemitglied und langjährige Hauskreisleiterin. Für viele in der Gemeinde hat sie Vorbildfunktion. Eine Freundin hat ihr einen neuen Friseur empfohlen, bei dem sie heute einen Termin hat. Je länger sie jedoch dort sitzt, desto unzufriedener wird sie mit dem, was sie im Spiegel sieht.

Sie denkt: „Dieser Haarschnitt ist ja schrecklich. Eine einzige Katastrophe." Sie wird zunehmend nervös, sagt aber nichts. Sie lächelt, macht Konversation und betet im Stillen, dass alles schnell vorüber sein und kein zu großer Schaden entstanden sein möge.

Als die Friseurin fertig ist, kann Beate ihren Ärger kaum noch zurückhalten. Weil aber noch andere Kundinnen da sind, dankt sie der Angestellten überschwänglich. Und sie gibt sogar *doppeltes* Trinkgeld, weil sie wegen ihres Ärgers ein schlechtes Gewissen hat!!

Das Bedürfnis, von anderen zu hören, dass mit uns alles stimmt, ist subtil, kann aber gleichzeitig auch sehr raumgreifend sein. Das macht es schwer, dieses Bedürfnis überhaupt zu entdecken bzw. sich bewusst damit auseinanderzusetzen.

Weitere Beispiele:

- Die Bemerkung einer Freundin verletzt Sie, aber Sie sagen nichts, weil Sie nicht als zickig oder empfindlich gelten wollen.
- In der Autowerkstatt überreicht Ihnen der Mechaniker eine Rechnung, die doppelt so hoch ist wie der Kostenvoranschlag. Er hat noch andere Kunden zu bedienen, daher lassen Sie sich die Rechnung nicht näher erklären, weil Sie keine Szene machen wollen.
- Sie gehen mit einigen Freunden ins Kino. Die anderen entscheiden sich einstimmig für einen Film, den Sie allerdings nicht sehen wollen. Um nicht als Gemeinschaftsfeind zu gelten, sagen Sie nichts und gehen einfach mit.
- Sie erhalten eine ungesunde Beziehung aufrecht, weil Sie nicht recht wissen, wie sie am besten zu beenden wäre. Sie fürchten die Reaktionen der gemeinsamen Freunde und möchten nicht, dass man von Ihnen denkt: „Schon wieder eine zerbrochene Beziehung? Was stimmt denn nicht mit ihm? Möchte er ewig Single bleiben?"
- Sie sind bei Nachbarn zu Besuch und schaffen es nicht, Ihre vierjährige Tochter im Zaum zu halten – die sich an diesem Tag schlecht benimmt –, weil Sie Angst haben, sie könnte Sie mit einem Wutausbruch bloßstellen.
- Einer Ihrer Angestellten bringt nicht die erforderliche Leistung und ist für den Rest des Teams eine Belastung. Immer wieder einmal deuten Sie an, dass sich dringend etwas ändern müsse, aber der Mitarbeiter reagiert nicht. Sie sind zwar der Vorgesetzte, können aber den Gedanken nicht ertragen, einen Menschen arbeitslos zu machen. Anstatt ihm zu kündigen, stellen Sie einen zusätzlichen Mitarbeiter ein, um die Fehler des anderen auszubügeln. Aber Ihr Ärger wächst.
- Ihrem Chef unterlaufen in Ihrer Gegenwart häufig sprachliche Entgleisungen, von denen einige als sexuelle Belästigung gelten könnten. Sie halten den Mund, um nicht als prüde zu gelten.
- Ihrem Mann zuliebe tragen Sie seit über zehn Jahren dieselbe Fri-

sur. Allerdings wird Ihnen die Pflege zunehmend lästig und Sie möchten eine Veränderung.

- Sie möchten mit Ihrem Ehepartner über Ihre sexuelle Beziehung sprechen, trauen sich aber nicht recht. Sie sind sich unsicher, wie er oder sie reagieren wird.

Beobachten Sie sich in den nächsten Tagen etwas genauer. Stellen Sie fest, wie oft Sie anders sprechen oder handeln, als Sie eigentlich wollen, nur um Zustimmung zu erhalten bzw. Ablehnung zu vermeiden. Oft sind diese Akzentverschiebungen in unserem Verhalten unterschwellig und damit unbewusst. Seien Sie also wachsam!

Lieben Sie sich selbst – um Gottes willen

Als Christen ist uns Gottes Liebe, die in Christus konkret und erfahrbar wurde, eine Selbstverständlichkeit. Aber bei vielen bleibt diese Erkenntnis auf der Verstandesebene hängen. Sie wird nicht zu einer erlebbaren Realität, die Gedanken und Gefühle durchdringt – auch Gedanken und Gefühle bezüglich der eigenen Person. Also holt man sich Liebe bei anderen Menschen – auf eine Art und Weise, die nicht guttut, ja, die zerstörerische Züge trägt. Bernhard von Clairvaux, der große christliche Mystiker des 12. Jahrhunderts, beschreibt, wie die Liebe Gottes zu einer gesunden Selbstliebe führt. Bernhard sieht vier Stufen der Liebe.[1]

1. *Sich lieben um seiner selbst willen.* Wir möchten lieber in den Himmel kommen als in die Hölle, daher tun wir die richtigen Dinge: gehen in die Kirche, beten und geben den Zehnten. Stellt die Hölle nicht länger eine Bedrohung dar, löst sich spirituelles Leben leicht in Wohlgefallen auf.

2. *Gott lieben aufgrund der erhaltenen Gaben und Segnungen.* Solange alles gut läuft, sind wir mit Gott zufrieden. Bei Problemen und Rückschlägen macht sich Enttäuschung breit und wir ziehen uns von Gott zurück.

3. *Gott lieben allein um seiner selbst willen.* Auf dieser Stufe ist unsere Liebe zu Gott nicht abhängig von Gefühlen oder Umständen.

Wir lieben ihn und vertrauen ihm, weil er gut ist und nicht, weil wir uns von dieser Liebe Vorteile versprechen. Rückschläge und Probleme sehen wir als Gelegenheiten, im Glauben und in der Liebe zu Gott zu wachsen.

4. *Uns selbst lieben um Gottes willen.* Auf dieser vierten und höchsten Stufe hat die Breite, Länge, Höhe und Tiefe der Liebe Gottes in Christus – die den menschlichen Verstand übersteigt – unser gesamtes Sein durchdrungen, sodass wir sie nicht länger von anderen „borgen" müssen.

Das Evangelium schenkt uns die Freiheit, uns so zu sehen, wie Gott uns sieht – durch die in Jesus Christus erwiesene Liebe. Wir sind wertvoll und wichtig, nicht durch das, was wir tun oder was andere über uns sagen. Wir sind der „Liebe würdig", weil Gott uns liebt. Gottes vollkommene Liebe vertreibt die Angst davor, was andere denken könnten. Wir entdecken, um es mit den Worten des Psalmbeters zu sagen, dass „diese Liebe besser ist als das Leben" (Psalm 63,4).

Vier gute Gründe, den Wunsch nach Anerkennung nicht länger zum Lebensinhalt zu machen

Wenn wir es nicht schaffen, uns von dem Bedürfnis nach Anerkennung zu lösen, wird unsere Entwicklung hin zu einer erwachsenen Spiritualität stagnieren. Zwischen uns und der wunderbaren Zukunft, die Gott für uns bereithat, steht eine Mauer. Unser Selbstwert gründet sich auf der Meinung der anderen und die sich daraus ergebende Pseudo-Zufriedenheit genügt uns.

Die wenigsten Menschen genießen es, ihr Lebensschiff auch einmal in unruhigere Gewässer zu lenken. Die meisten gehen lieber irgendwo ruhig vor Anker. Der Gedanke daran, unsere Situation zu verändern, kann Angst machen und die Hindernisse können unüberwindbar erscheinen. Wir haben Angst davor, eventuell den Partner zu verlieren, den Job, Freunde oder auch den Respekt von Menschen, die uns wichtig sind.

Wenn Veränderungen uns zu erdrücken scheinen, benutzt Gott häufig unseren Schmerz, um uns für seine Wege und seine Macht empfänglich zu machen. Als der reiche junge Mann sich von Jesus abwendet und damit von der radikalen Lebensveränderung, die ihm angeboten wird, steigt in den Jüngern die Angst hoch, Veränderung könne überhaupt gänzlich unmöglich sein, und sie fragen: „Wer kann dann überhaupt gerettet werden?" Jesus antwortet: „Für Menschen ist es unmöglich, aber für Gott ist alles möglich" (Matthäus 19,25.26).

> *Wenn wir es nicht schaffen, uns von dem Bedürfnis nach Anerkennung zu lösen, wird unsere Entwicklung hin zu einer erwachsenen Spiritualität stagnieren.*

Veränderung ist schwierig und erschüttert oft die Grundfesten der Systeme, in denen wir uns bewegen: Ehe, Gemeinde, Freundschaften, Familie oder Arbeitsplatz. Jesus lebte vor, wie notwendig es ist, sich von der Anerkennung der anderen zu lösen, denn nur so können wir die Früchte des neuen Lebens genießen – Freiheit, Freude und Liebe, die von ihm kommen.

Da ist es doch eigentlich kein Wunder, dass wir den gigantischen Schritt nicht tun wollen, der für diese erste Loslösung nötig wäre.

Üblicherweise sind es vier Umstände, die einen Menschen letztlich dazu bringen zu sagen: „Jetzt reicht's!"[2] Achten Sie einmal darauf, ob Sie die folgenden Abschnitte an eine Situation oder eine Beziehung in Ihrem Leben erinnern.

1. Sie verletzen die eigene Integrität

Sie verletzen Ihre persönliche Integrität, wenn das, was Sie leben, nicht länger das ist, was Sie eigentlich glauben. Sie ignorieren Werte, die Ihnen lieb und teuer sind. Äußerungen vor anderen stehen im völligen Gegensatz zu dem, was Sie innerlich empfinden. Im privaten Umfeld verhalten Sie sich ganz anders als in einem öffentlichen Rahmen.

So können Sie zum Beispiel bei der Arbeit nicht länger lügen, um – aus Angst um Ihren Arbeitsplatz – Ihren Chef zu decken. Sie sagen die Wahrheit, auch wenn es Sie Ihren Job kosten könnte. Vielleicht wollen Ihre Eltern Sie in eine bestimmte berufliche Laufbahn drängen. Sie haben die eigenen Träume aufgegeben, um Ihnen den Besuch einer besonders guten Schule zu ermöglichen. Sie möchten eigentlich etwas ganz anderes tun, trauen sich aber nicht, Nein zu sagen – besonders angesichts der Opfer, die Ihre Eltern gebracht haben. Schließlich merken Sie aber, dass etwas in Ihnen stirbt und dass ein offenes Gespräch mit den Eltern ansteht, in dem es um Ihre Wünsche und Träume geht.

Dieselbe Dynamik finden wir in einer der dramatischsten Schilderungen des Neuen Testaments. Als Petrus von Jerusalem nach Antiochien kommt, isst er gemeinsam mit unbeschnittenen Heidenchristen. Eine Gruppe bekennender Judenchristen stößt dazu und überzeugt Petrus davon, sich von diesen Heiden zurückzuziehen. Ihrer Meinung nach verbietet Gott das gemeinsame Mahl mit Heiden, weil sie als unrein gelten. Als Paulus davon erfährt, wirft er Petrus in aller Öffentlichkeit Heuchelei vor (Galater 2,11-14).[3] Paulus riskiert Verleumdung und Missverständnisse, gefährdet seine Position und setzt seinen Ruf und seine Zukunft aufs Spiel. Hätte er geschwiegen, hätte er jedoch seine Integrität verletzt, die sich an der Wahrheit des Evangeliums orientierte.

Der Galaterbrief sagt, Petrus „fürchtete die Vorwürfe der jüdischen Christen" aus Jerusalem (Galater 2,12). Er hatte Angst, sie könnten ihn ablehnen. Wo finden Sie sich in dieser Begebenheit wieder? Sind Sie wie Petrus, der die Anerkennung der anderen will und daher gegen seine Werte und Überzeugungen handelt? Oder sind Sie wie Paulus, dessen Identität so in der Liebe Gottes in Christus verankert ist, dass ihm die Wahrheit mehr bedeutet als die Anerkennung durch andere, die er mit seinem Verhalten aufs Spiel setzt?

2. Dinge oder Menschen, die Ihnen wichtig sind, entgleiten Ihnen

Ihnen wird klar, dass Sie etwas aufs Spiel setzen oder jemanden verlieren werden, wenn Sie so weitermachen wie bisher. Vielleicht Ihren Ehepartner, Ihre Familie, Karriere, Zukunft oder vielleicht sogar sich selbst. Die notwendige Veränderung macht Ihnen Angst, aber den Status quo beizubehalten ist auf jeden Fall die schlechtere Wahl.

Vielleicht ist Ihr Mann pornosüchtig. Sie lieben ihn, aber er will die so dringend notwendige Hilfe nicht annehmen. Der Preis, den Ihre persönliche Untätigkeit fordern würde, ist inzwischen zu hoch. Bisher wollten Sie den häuslichen Frieden nicht stören, aber genau dieser Mangel an entschlossenem Handeln gefährdet die Ehe, die Sie doch so gerne retten wollten. Sie sagen: „Jetzt ist Schluss!" und planen mithilfe einer Freundin oder eines Seelsorgers Ihr weiteres Vorgehen.

> *Die notwendige Veränderung macht Ihnen Angst, aber den Status quo beizubehalten ist auf jeden Fall die schlechtere Wahl.*

John, ein Mitglied unserer Gemeinde, arbeitet zu viel. Sein überehrgeiziger Chef erwartet, dass er sechs Tage die Woche arbeitet und am Sonntag auf Abruf zur Verfügung steht, sodass auch die kostbare Zeit mit der Familie an Sonntagen noch durch Anrufe unterbrochen wird. Sein Job ermöglicht der Familie ein komfortables Leben, aber die mangelnde Fähigkeit, seinem Chef Grenzen zu setzen, führt innerhalb der Familie zu wachsendem Unmut. Seine Frau Jane kämpft mit Depressionen und fühlt sich mit der Erziehung der vier Kinder zwischen vier und elf Jahren zunehmend überfordert. John merkt, dass seine Frau und seine Kinder ihm entgleiten.

Um seinen inneren Aufruhr in den Griff zu bekommen, fängt John an, regelmäßig nach der Arbeit zu trinken. Nach einigen Monaten ist er an einem Punkt, an dem er sich selbst nicht mehr wiedererkennt. Er kommt zu dem Schluss: „Wenn ich nicht bereit bin, die Anerkennung durch meinen Chef aufs Spiel zu setzen, werde ich meine Seele und meine Familie verlieren." Er weiß, was er tun muss. Er wird sich seinem Chef gegenüber durchsetzen und ist bereit, die Konsequenzen dafür zu tragen.

3. Die momentane Situation ist so unerträglich, dass Veränderung unumgänglich ist

Manche Menschen sind so leidensfähig, dass es schon einer Explosion bedarf, damit sie sich bewegen. Eine junge Frau in meinem Bekanntenkreis, attraktiv und gebildet, geht immer wieder zu dem Partner zurück, der sie missbraucht, weil ihr dieses Verhalten aus ihrer Herkunftsfamilie vertraut ist. Als der Schmerz unerträglich wird, schafft sie es, sich ganz aus dieser Beziehung zu lösen. Sie erlebt Gottes Liebe, erfährt Heilung ihrer Identität und kann sich endlich so schätzen und wert achten, wie Jesus es tut.

Der Pädagoge und Autor Parker Palmer beschreibt eine Zeit, in der ihn sein Versuch, ein Leben zu führen, das nicht das seine war, in eine lähmende Depression führte. Der daraus resultierende Schmerz brachte ihn schließlich dazu, die Diktatur der Anerkennung durch andere abzuschütteln und seinem ganz eigenen, gottgegebenen Weg zu folgen.[4] Ein Freund von uns musste erst von einem Arzt hören, dass er kurz vor einem schweren Herzinfarkt steht, um in seinem stressigen Leben die längst überfälligen Veränderungen in Angriff zu nehmen.

Vielleicht sind Sie seit Jahren unzufrieden mit Ihrem Job. Sie starren den lieben langen Tag auf einen Computer und die Langeweile und mangelnden Herausforderungen machen Ihnen schwer zu schaffen. Aber eine Veränderung der Situation macht Ihnen Angst. Sie fragen sich, ob Ihre Fähigkeiten auf dem Arbeitsmarkt überhaupt gebraucht werden oder ob eventuell wieder eine Wirtschaftskrise droht. Sie haben Angst vor Arbeitslosigkeit, und trotzdem ist weiteres Ausharren keine Option. Und so sagen Sie sich: „Mich dem Unbekannten zu stellen kann auch nicht schlimmer sein als das, was ich jetzt habe."

4. Die Angst, dass alles beim Alten bleibt, ist größer als die Angst vor Veränderung

Die Vorstellung von einer Veränderung unserer Lage kann manchmal wie ein Berg vor uns stehen. Aber irgendwann kommen wir an den Punkt, an dem der Gedanke, die momentanen Umstände fünf, zehn oder gar dreißig weitere Jahre ertragen zu müssen, schlimmer ist als das Risiko, das eventuell mit einer Veränderung verbunden ist. Manchmal steckt darin eine klare Ansage von Gott, einen neuen Kurs einzuschlagen. Die Veränderung ist weniger Furcht einflößend als die Aussicht, alles beim Alten zu belassen.

Sie unterrichten Englisch am Gymnasium. Sie lieben die englische Sprache, aber das Unterrichten von Teenagern ist ein Kraftakt, der Sie mit immer größerem Widerwillen erfüllt. Der Gedanke, das für den Rest Ihres Lebens zu tun, erfüllt Sie mit Schrecken und Sie geben die finanzielle Sicherheit und die sorgfältig geplante Karriere auf, um andere Möglichkeiten und Erfahrungen zu suchen, die besser zu Ihren Gaben und Vorlieben passen.

Ihre Beziehung ist festgefahren und ohne Perspektive. Sie stellen sich vor, wie Ihr Leben in zehn Jahren aussehen könnte und merken: Die Angst davor, allein zu leben, ist weniger beunruhigend als die Aussicht, weiter bei diesem Partner zu bleiben. Diese Erkenntnis schockiert Sie dermaßen, dass Sie die Beziehung beenden.

Sie haben sechzigtausend Euro Schulden und stehen kurz vor der Privatinsolvenz. Viele Möglichkeiten bleiben Ihnen nicht mehr. Die Angst vor dem finanziellen Ruin wird größer als die Angst vor den Konsequenzen eines veränderten Lebensstils. Sie gehen zur Schuldnerberatung und ändern radikal Ihr Konsumverhalten.

Diese Angst war auch bei mir einer der Faktoren, die mich zum Handeln veranlassten. Die Angst davor, dass in Gemeinde und Ehe alles beim Alten bleiben könnte, wurde größer als meine Angst vor einem Gemeindewechsel und dem damit verbundenen Risiko, andere Menschen zu verärgern. Die Grenze meiner Leidensfähigkeit war erreicht, mehr konnte ich nicht ertragen. Die Aussicht, dass das alles noch zwanzig Jahre so weitergehen würde, erfüllte mich mit panischem Schrecken, und so konnte ich endlich sagen: „Es reicht! Jetzt ist Schluss!"

Ein gutes Vorbild

Als Erwachsene haben wir bereits Millionen von Botschaften abgespeichert, die uns – direkt oder indirekt – in Familie, Kultur oder auch Gemeinde vermittelt worden sind. Diese Botschaften sagen uns, wie wir sein und was wir tun, denken und fühlen müssen, um geliebt, akzeptiert und anerkannt zu werden. Das hat zur Folge, dass die Entscheidung, unsere Abhängigkeit vom Urteil anderer aufzugeben, nicht ein einmaliger Akt ist. Sie muss vielmehr zu einer auf Dauer angelegten geistlichen Übung werden. Neben der Liebe Gottes wollen wir auch die trügerische Bestätigung durch Menschen erleben, und diese verzerrte Sehnsucht reicht tiefer, als uns letztlich klar ist. Aber dauerhafte Veränderung und Freiheit sind möglich, weil Jesus gestorben und auferstanden ist und uns seinen Heiligen Geist als Helfer an die Seite gestellt hat.

Die verzerrte Sehnsucht, neben der Liebe Gottes auch die trügerische Bestätigung durch Menschen zu erleben, reicht tief.

In Johannes 12 lesen wir von Maria, die als Vorbild dienen kann für einen Menschen, der seine Identität auf die Liebe gründet, die Jesus ihm entgegenbringt, und nicht auf die Meinung der anderen. Maria wäscht in aller Öffentlichkeit Jesus die Füße und trocknet sie mit ihren offenen Haaren, als wäre sie eine heidnische Sklavin. Im alten Israel war so ein Verhalten ein Skandal. Will sie Jesus verführen? Hat sie keine Selbstachtung? Ist ihr nicht klar, was die Leute hinterher reden werden?

Maria sitzt Jesus zu Füßen und es ist ihr vollkommen egal, was andere von ihr denken. Sie ist ganz von der Liebe, die ihr hier begegnet, durchdrungen. Sie hat seine Vergebung empfangen. Dieses umfassende Erleben befreit sie nicht nur von jeglichem Schamgefühl; es erhellt auch die Wahrheit über ihren persönlichen Wert. Ihr Herz quillt über vor Dankbarkeit gegen Jesus – Dankbarkeit für seine Liebe, Gnade und überwältigende Sicherheit –, und dieses Gefühl bricht sich Bahn.

Maria versteht, dass ihre Bedeutung als Mensch in der Beziehung zu Jesus liegt, nicht in Beziehung zu der Meinung der anderen. Ihr Handeln wird nicht bestimmt davon, was in den Augen der Welt richtig ist, sondern davon, was Christus für richtig ansieht. Daraus nimmt sie das Vertrauen, ganz sie selbst zu sein – ohne Rücksicht darauf, was andere von ihr denken könnten.

So wie Maria sind auch Sie und ich eingeladen, unsere Identität ganz und dauerhaft auf die Liebe Gottes zu gründen, die in Christus konkret wird. Dann und nur dann werden wir ehrlich und authentisch leben können.

Werden Sie aufmerksam für die Regungen Ihres Herzens und für die Liebe Gottes

Wenn man sich von dem zwanghaften Verlangen nach der Anerkennung durch andere lösen will, sind zwei Dinge sehr hilfreich, die man täglich praktizieren sollte: Aufmerksam werden für die Regungen des eigenen Herzens und betrachtendes Nachsinnen über die Liebe Gottes.

Was also geht in unserem Herzen vor? Denken Sie etwa einmal an Ihre letzten Begegnungen mit anderen Menschen. Wie sind sie verlaufen? Was haben Sie gesagt, damit der andere gut von Ihnen denkt? Was hätten Sie anders machen können? Bitten Sie Gott, Ihnen die Versuchung bewusst zu machen, Ihr Verhalten auf die Anerkennung Ihres Gegenübers auszurichten.

Kommen wir zum zweiten Punkt, dem meditativen Nachsinnen über die Liebe Gottes. Ich lese regelmäßig in der Bibel und ziehe mich in die Stille zurück, wo ich Gottes Liebe erfahre, spüre und sie in jede einzelne Zelle meines Körpers einlasse, damit sie dort ihr Werk der Veränderung bewirken kann. Für mich war das die Grundvoraussetzung dafür, dass sich die Angst vor der Meinung anderer langsam auflösen konnte. Das Prinzip ist einfach: Je stärker Ihre Identität sich auf die Liebe Gottes gründet, desto weniger brauchen Sie Anerkennung und Bestätigung durch andere, um sich liebenswert zu fühlen.

Wenn Sie bereit sind, sich von dem Zwang zu befreien, der immer nur auf die Meinung der anderen starrt, haben Sie schon viel erreicht.

2
Schluss mit Lügen

Lügen ist so sehr Teil unserer Welt – in Politik, Wirtschaft, Ehe, bei Steuererklärungen, Bewerbungen, in der Werbung, in Familie, Freundschaft, am Arbeitsplatz und in der Schule –, dass wir nicht allzu überrascht sein sollten, dass uns die Lüge auch unter Christen begegnet.

- Sie begrüßen jemanden mit einem strahlenden Lächeln und einer Umarmung, aber eigentlich können Sie diese Person nicht ausstehen.
- Sie sagen: „Uns geht's gut miteinander in unserer Ehe", aber der Begriff „eisig" ist für Ihre Beziehung noch fast schmeichelhaft.
- Sie sagen: „Mir geht's prima. Ich komme damit zurecht, dass ich meinen Job verloren habe. Kein Grund, sich deswegen Sorgen zu machen", aber Sie haben große Angst vor der Zukunft.
- Sie sagen: „Das hast du richtig gut gemacht", halten aber die erbrachte Leistung allenfalls für durchschnittlich.
- Sie sagen: „Ich kann nicht kommen. Ich habe zu viel zu tun", aber in Wahrheit wollen Sie nicht an der Veranstaltung teilnehmen.

Kleine Lügen und Ausreden sind uns so in Fleisch und Blut übergegangen, dass sie uns kaum noch auffallen. Jede Kultur und jede Familie hat ihre ganz eigene Art entwickelt, Halbwahrheiten zu formulieren, Tatsachen zurückzuhalten und peinliche Momente zu vermeiden. Wir lügen mit Worten, mit unserem Lächeln, unserem Körper und unserem Schweigen. Und wir denken uns nichts dabei. Schließlich „machen das doch alle".

„Gute" christliche Lügen

Bevor ich mit neunzehn Jahren Christin wurde, habe ich es gemacht wie alle anderen und viel gelogen. Alarmierend ist jedoch, wie sehr auch danach noch die Lüge zu meinem Leben gehörte. Zuallererst habe ich mich selbst belogen, aber auch andere – und nicht zuletzt Gott.

Im Rückblick habe ich gesehen, wie viele stillschweigende „Kommunikationsregeln" es in den Gemeinden gab, zu denen ich gehörte. Sie haben mich veranlasst, um des lieben Friedens willen die Wahrheit zu verzerren und so zu tun, als sei alles in Ordnung, auch wenn das ganz und gar nicht der Fall war.

Kleine Lügen und Ausreden sind uns so in Fleisch und Blut übergegangen, dass sie uns kaum noch auffallen.

Emotionen wie Wut, Traurigkeit oder Enttäuschung habe ich ignoriert. Sollte das Leben eines Christen denn nicht ein „freudiges Wandeln auf sonnigen Höhen" sein? Ich bat Gott, diese Emotionen wegzunehmen, was er aber nicht tat. Also log ich.

In den ersten Jahren unserer Ehe ging die Lüge weiter: meine Unzufriedenheit mit unserem Lebenstempo, meine Wut darüber, dass ich mich quasi als alleinerziehende Mutter fühlte, meine Ablehnung schwieriger Menschen in der Gemeinde, meine Traurigkeit über unser Leben in New York, fernab von Natur, Strand, Bergen, Wanderwegen und ländlicher Weite – all das kam nicht offen zur Sprache.

Häufig akzeptierte ich Aufgaben mit einem fröhlichen Ja, obwohl ich innerlich wütend war und lieber Nein gesagt hätte. Ich log aus Angst und weil ich die anderen nicht enttäuschen wollte.

Ich fuhr Leute nach Hause, auch wenn ich mir den Umweg lieber gespart hätte. Ich nahm Einladungen an, obwohl ich lieber zu Hause geblieben wäre. Ich behauptete, es sei in Ordnung, dass Pete so lange arbeitete, obwohl es mir durchaus etwas ausmachte.

Jahrelang lösten Gefühle wie Wut oder Ärger heftige Schuldgefühle in mir aus.

„Geri, ist alles in Ordnung?", fragte mich eines Tages eine gute Freundin, als mir einige bittere Bemerkungen über mein Leben entschlüpften. Sofort versuchte ich, diese unabsichtlichen Äußerungen zu überspielen. „Ja, alles in Ordnung. Könnte nicht besser sein." Aber Tonfall, verbitterte Worte und Körpersprache hatten mich bereits verraten.

Die Babyparty unserer Tochter Faith

In meiner Familie waren Geburten, Ferien, Geburtstage und Schulabschlüsse große Ereignisse. Ich habe sechs Geschwister, dreiundzwanzig Nichten und Neffen und sechzehn Großnichten und -neffen. Bei besonderen Ereignissen zusammenzukommen gehört einfach zu unserer Tradition. Wir sind ein irisch-amerikanischer Clan, dem die Familie über alles geht. Als unsere dritte Tochter Faith geboren wurde, war es daher für mich selbstverständlich, ein großes Familienfest zu planen.

„Pete", sagte ich, „in drei Wochen kommen ungefähr zwanzig Leute aus der Verwandtschaft." Ich hoffte natürlich, dass er sich Zeit freischaufeln würde, um mir bei den Vorbereitungen zu helfen.

„Schön", sagte er, schon wieder halb aus der Tür und auf dem Weg in die Gemeinde.

Mir war klar, was das bedeutete. Die Gemeindearbeit lief auf Hochtouren, er war davon völlig in Beschlag genommen. Also stand ich allein da.

Je näher das Fest rückte, desto angespannter und ungeduldiger wurde ich. Drei Kinder im Alter von sechs und vier Jahren und drei Monaten sind anstrengend, und dazu kamen noch die Vorbereitungen für die Feier und die Planungen für die Unterbringung von Familie und Freunden – alles lag ausschließlich in meiner Hand.

„Ich hasse es, dass Pete so von der Gemeindearbeit beansprucht wird", murmelte ich vor mich hin, und im gleichen Moment fühlte ich mich auch schon schuldig und egoistisch. Schließlich engagierte er sich ja so sehr, weil er damit einem Auftrag nachkam, den Gott ihm gegeben hatte. Aber ich wollte doch auch Zeit mit ihm verbringen; ich wollte, dass die Kinder auch etwas von ihrem Vater hatten – und ich wollte eine Pause! Aber was hat man schon einem selbstlosen Einsatz für Gott entgegenzusetzen – selbst wenn er in die falsche Richtung geht?

Drei Tage vor dem großen Ereignis sagte Pete, er würde gern einmal wieder einen romantischen Abend mit mir verbringen. Ob ich nicht einen Babysitter engagieren könnte.

„Soll das ein Scherz sein?", entgegnete ich sarkastisch. „Warum putzt du nicht mal das Haus, machst die Wäsche, schickst Wegbeschreibungen an die Gäste, machst dir Gedanken über Parkplätze und kochst für vierzig Personen? Ach, und wenn du schon mal dabei bist, engagiere doch auch gleich noch den Babysitter."

Pete sagte nichts.

Der romantische Abend fand nicht statt.

Drei Tage später, an einem herrlichen Aprilsonntag, machten sich unsere Verwandten auf den beschwerlichen Weg nach Queens. Sie kämpften sich durch ein Labyrinth von Tunnels, überquerten Brücken und trotzten dem Verkehrschaos. Wir trafen uns zunächst zum Gottesdienst und fuhren dann in unsere winzige Etagenwohnung, wo um dreizehn Uhr die Feier beginnen sollte.

Pete sollte spätestens um zwei zu Hause sein. Er hatte natürlich nicht daran gedacht, für diesen Sonntag eine Vertretung zu suchen, damit auch er pünktlich bei seiner Familie hätte sein können. Und ich hatte keine Lust gehabt, ihn darum zu bitten.

Ich wollte nicht etwas sagen, was eigentlich selbstverständlich war, und hatte mich mit einer einstündigen Verspätung abgefunden, auch wenn das Fest dann bereits in vollem Gange sein würde.

14.00 Uhr — Kein Pete.

15.00 Uhr — Kein Pete!

16.00 Uhr — Kein Pete!! „Wo steckt der Kerl? Das ist doch nicht zu fassen!?"

Wir feierten die Geburt unserer Tochter und ich war Alleinunterhalterin für seine Familie, meine Familie und unsere Freunde. Ich fühlte mich gedemütigt.

Um Viertel nach fünf begannen die Gäste sich zu verabschieden. Als meine Eltern gerade gehen wollten, schlenderte Pete entspannt durch die Tür.

„Oh, geht ihr etwa schon?", rief er überrascht. „Der Abend ist doch noch jung! Ich hatte noch ein paar wichtige Dinge zu erledigen, wisst ihr, in der Gemeinde."

Er stellte mich vor meiner eigenen Familie bloß! Was mussten sie denken?

„Wen interessieren schon wichtige Gemeindeangelegenheiten? Hier geht es um deine Tochter!", schrie es in mir. Gesagt habe ich nichts.

Als alle weg waren, beseitigte Pete eifrig das Chaos in der Wohnung, wohl als Akt der Wiedergutmachung.

Den Rest des Abends und auch die nächsten zwei Tage sprach ich kein Wort mit ihm. Körpersprache und Verhalten sagten überdeutlich: „Lass mich bloß in Ruhe. Wenn ich wieder mit dir reden will, sag ich dir Bescheid."

Je mehr wir in der Wahrheit leben, desto größer ist unsere Freiheit – und umgekehrt.

Ich ging davon aus, dass Pete genau wusste, wie wichtig dieses Fest für mich war und dass dieser Tag nicht wiederkehren würde.

Niemals.

Drei Tage lang herrschte Funkstille. Als ich Pete endlich sagte, wie groß meine Enttäuschung tatsächlich war, ließ ich ihn über das ganze Ausmaß meiner Wut allerdings im Unklaren. Wie würde er reagieren?

Am Ende unseres Gesprächs gab er zu, dass er mich mit seinem Zuspätkommen dafür bestrafen wollte, dass ich ihm seinen Wunsch nach einem romantischen Abend drei Tage vorher abgeschlagen hatte. Das war seine Vergeltung für meine herablassende Art.

Pete entschuldigte sich. Wie jeder „gute Christ" verzieh ich ihm und der Alltag hatte uns wieder.

Aber es war eine Lüge.

Es mussten noch fünf Jahre vergehen, bevor ich es fertigbrachte, ihm zu sagen, wie sehr mich sein Verhalten verletzt hatte und dass die Wunde immer noch nicht verheilt war.

Wahrheit und Freiheit hängen zusammen

Zu Gottes wunderbarem Plan für seine Schöpfung gehörte von Anfang an, dass Mensch und Wahrheit eine Einheit bilden und keinen nicht zu vereinbarenden Gegensatz. Für Freiheit und Freude, die Gott ebenfalls für uns vorgesehen hat, ist und bleibt das der zentrale Punkt. Jesus sagt: „Wenn ihr an meinen Worten festhaltet und das tut, was ich euch gesagt habe, dann gehört ihr wirklich zu mir. Ihr werdet die Wahrheit erkennen und die Wahrheit wird euch befreien" (Johannes 8,31.32). Diese Wahrheit schließt sowohl die biblische Wahrheit über Gott mit ein als auch die Wahrheit im Allgemeinen.

Für Jünger Jesu heißt das: Je mehr wir in der Wahrheit leben, desto größer ist unsere Freiheit – und umgekehrt. Wenn wir in bestimmten Lebensbereichen lügen, legen wir uns selbst in Ketten und schränken so die Freiheit ein, die Christus für uns gewonnen hat.

Wenn ein Pastor nach dem Gottesdienst nach Hause geht und sich im Internet heimlich Pornos anschaut, ist er nicht frei, sondern gebunden.

Die Kassiererin einer Gemeinde fordert die Gemeindeglieder regelmäßig dazu auf, großzügig zu geben. Sie erweckt den Eindruck, als ginge sie mit gutem Beispiel voran, hat aber in Wahrheit noch nicht einen Cent beigesteuert. Sie hat Angst, dass das irgendwann jemand merkt. Sie ist nicht frei, sondern gebunden.

In ihrem Hauskreis präsentieren sich Frank und Monika als christliches Musterpaar. Aber Frank leidet unter Monikas regelmäßigen Wutausbrüchen. Er traut sich schon nicht mehr, sie überhaupt anzusprechen, geschweige denn ihr zu widersprechen, um nicht alles noch schlimmer zu machen. Angesprochen wird das Problem nicht – weder zu Hause noch im Hauskreis. Frank und Monika sind nicht frei, sondern gebunden.

Um die Frage der Wahrheit tobt in unserem Leben ein heftiger spiritueller Kampf. Daher führt Paulus in der Beschreibung der Waffenrüstung Gottes den Gürtel der Wahrheit auch als Erstes an. Wir sollen ihn tragen, um uns gegen die Mächte des Bösen zu verteidigen (Epheser 6,12-14).

Ich habe erst mit siebenunddreißig Jahren – da war ich schon fast zwanzig Jahre Christin – entdeckt, was dieser Begriff „in der Wahrheit leben" tatsächlich bedeutet und wie viel innere Freiheit damit verbunden ist (Psalm 51,8). Als ich das Lügen aufgab, stand dahinter der Entschluss, nicht länger die Fassade aufrechtzuerhalten, die nach meinem damaligen Verständnis zu einer christlichen Gemeinschaft bzw. einer Gemeinde dazugehörte. Als ich das Lügen aufgab, konnte ich einfach nicht länger Wahrheit Lüge und Lüge Wahrheit nennen. Der Preis für die Lüge war zu groß geworden. Ich war an dem Punkt angekommen, an dem ich durch Ehrlichkeit mir selbst, anderen und Gott gegenüber nichts mehr zu verlieren hatte – auch wenn diese Ehrlichkeit wehtat.

> *Die Lüge aufzugeben war der Entschluss, nicht länger die Fassade aufrechtzuerhalten, die für mich zu einer christlichen Gemeinschaft gehörte.*

Gott ist Wahrheit und immer dann, wenn ich es nicht schaffe, in dieser Wahrheit zu leben, schließe ich ihn unabsichtlich aus meinem Leben aus. Wenn wir lügen, hat nicht Gott das Sagen, sondern Satan. Jesus nennt an einer Stelle den Bösen den „Vater jeder Lüge" (Johannes 8,44). Haben wir diese Linie einmal überschritten, sind wir anfällig für eine Vielzahl von Angriffen und Täuschungen. Solange ich vor mir selbst und vor Pete nicht offen zugab, wie sehr mich sein Verhalten bei der Babyparty verletzt hatte, so lange blieb das eine offene Wunde. Sie bildete den Nährboden für meinen inneren Aufruhr und die daraus resultierende Ablehnung gegenüber Pete.

Sich selbst belügen

Am meisten hatte ich jedoch selbst unter der Lüge zu leiden. Der Wunsch, vor anderen gut auszusehen, war so tief in mir verwurzelt, dass ich mich permanent selbst täuschte. „Geri, du bist nicht unglücklich. Du kannst das. Du kannst fröhlich sein, so wie Gott das vorschreibt."

Das Problem war, dass ich in den ersten Jahren unserer Ehe zunehmend unglücklich und erschöpft war. Wir hatten vier kleine Kinder und waren mitten in einem Gemeindegründungsprojekt in New York – ohne Mitarbeiter und ohne Geld. Unser Glaube war eine Mischung aus Liebe zu Gott, guter und schlechter Theologie, unzureichender Ausbildung, jugendlicher Naivität und Unkenntnis unserer persönlichen „Knackpunkte". Um meine Seele in diesem Umfeld am Leben zu erhalten, brauchte es viele Lügen und sehr viel Selbstverleugnung.

> „Die meisten Menschen führen ein unmenschliches Leben, weil sie im Hinblick auf sich selbst nach unmenschlichen Regeln leben."

Die Lüge machte es mir allerdings unmöglich, anderen mit ehrlicher Liebe zu begegnen. Die inneren Konflikte – kombiniert mit unterdrückter Traurigkeit und Wut – machten mich unberechenbar und unsicher. Unter meinem liebevollen christlichen Verhalten schwelte die Wut.

Der Tag, an dem ich zugab, dass ich kein sehr liebevoller Mensch war, war auch der Tag, der mich genau diesem liebevollen Verhalten einen großen Schritt näher brachte. Eine große Last fiel von meinen Schultern, denn ich musste nicht länger etwas vorgeben, was nicht stimmte. Endlich konnte ich meine Schwachheit und innere Zerrissenheit offen eingestehen. Das führte mich zur Demut. Indem ich zu meinen Fehlern stand, wurde ich sicherer, sanfter und zugänglicher.

Die Familientherapeutin Virginia Satir hat beobachtet, dass Botschaften oder Regeln, die wir in der Familie gelernt und internalisiert haben, es Menschen oft leichter machen, sich selbst zu belügen. Die wenigsten davon werden offen ausgesprochen. Sie schreibt: „Die meisten Menschen führen ein unmenschliches Leben, weil sie im Hinblick auf sich selbst nach unmenschlichen Regeln leben."[1] Vielleicht finden Sie in der folgenden Liste „unmenschlicher Regeln" auch einige, die Ihr eigenes Leben beeinflussen.

• Zeig niemals deine Gefühle.
• Gib nicht an.
• Gib keine Widerworte.

- Sei immer freundlich.
- Kämpfe nicht.
- Sei immer nett.
- Autoritäten muss man immer gehorchen.
- Sei stets pünktlich.
- Prahl nicht. Hochmut kommt vor dem Fall.
- Fehler können tödlich sein, mach also keine.

Wenn derartige Regeln unreflektiert mit ins Erwachsenenalter übernommen und nie hinterfragt werden, unterdrücken sie unsere Freiheit und ermuntern zur Lüge. So sage ich mir zum Beispiel, dass ich nicht wütend bin, weil meine Regel lautet, dass ich immer freundlich sein muss. Ich rede mir ein, nicht enttäuscht zu sein, weil die dazugehörige Regel lautet: „Ich muss nett sein und nette Menschen sind nicht traurig oder enttäuscht." Ich sage Ja, wenn ich Nein meine, weil ich nach der Regel lebe: „Nette Menschen sagen immer Ja."

Familienregeln wie diese führen häufig dazu, dass wir uns bezüglich unserer eigenen Wünsche und Bedürfnisse selbst belügen. Auf tragische Art und Weise beschneiden wir wichtige Teile unserer Persönlichkeit. Wir schränken unsere von Gott gegebene Entscheidungsfreiheit ein und beschneiden damit unser wahres Ich, so wie Gott es sieht.

Andere belügen

Eine von Robert Feldman, Psychologe an der Universität Massachusetts, durchgeführte Studie belegt einen engen Zusammenhang zwischen Lüge und Selbstwertgefühl. Je mehr jemand seinen Selbstwert bedroht fühlt, so die Schlussfolgerung der Studie, desto mehr wird gelogen. Die Teilnehmer wurden Situationen ausgesetzt, in denen es eine Rolle spielte, wie sie von anderen wahrgenommen wurden. Sie redeten mehr als üblich und nahmen es auch mit der Wahrheit nicht so genau. Feldman kam zu dem Schluss: „Es geht gar nicht so sehr darum, andere Menschen zu beeindrucken. Vielmehr wollen wir ein

Bild aufrechterhalten, das in die Vorstellung passt, die andere von uns haben."[2]

Daher ist es oft einfacher, andere zu belügen – großzügig mit der Wahrheit umzugehen –, als zu sagen, was wirklich wahr ist. Die unsensible Bemerkung einer Kollegin unkommentiert zu lassen, erscheint einfacher, als sie direkt darauf anzusprechen. Die Einladung des Chefs zu einem Geschäftsessen anzunehmen erscheint einfacher, als offen zuzugeben, dass der Termin bereits durch ein Familienereignis belegt ist. Einem Kunden einige Tatsachen zu verschweigen erscheint einfacher, als mit der Wahrheit womöglich einen Vertrag zu verlieren. Den Eindruck zu vermitteln, ich sei ein unerschütterlicher Christ mit einem unaufhörlich wachsenden Glauben erscheint einfacher, als zuzugeben, dass mein Glaube gerade stagniert.

Warum? Nur wenige Menschen können gelassen damit umgehen, in den Augen anderer schlecht dazustehen. Wir verfälschen die Wahrheit, nicht nur um anderen zu gefallen, sondern um ein positives Bild von uns selbst zu zeichnen,[3] egal ob es stimmt oder nicht. Situationen, in denen wir andere belügen, weisen aber noch zusätzliche Nuancen und eine größere Komplexität auf, wie folgende Alltagsszene zeigt:

Christina kommt von einem Friseurbesuch nach Hause. Ihr Mann sitzt mit der Zeitung und einem Kaffee am Tisch, und sie fragt ihn:

„Michael, wie gefällt dir meine neue Frisur?"

Michael sieht von der Zeitung auf. Er zieht ganz leicht die Augenbrauen hoch und begutachtet Christinas neue Dauerwelle.

„Überhaupt nicht", antwortet er und widmet sich erneut seiner Zeitung.

„Wie bitte?", schreit sie. „Wie kann man nur so unsensibel sein!"

Christina ist verletzt und wütend und zieht sich ins Badezimmer zurück, wo sie die offensichtliche Katastrophe auf ihrem Kopf intensiv in Augenschein nimmt.

Was würden Sie Michael in dieser Situation raten? Warum konnte er nicht einfach sagen: „Du siehst toll aus!"? Wäre eine kleine Lüge nicht eher ein Ausdruck von Liebe gewesen als die Wahrheit, die seine Frau verletzt hat?

Michael wollte anscheinend nicht lügen, aber hätte er die Wahrheit etwas schonender ausdrücken können?

Vielleicht hätte er ja Folgendes sagen können: „Ich liebe dich so wie du bist, Christina. *Du* musst dich mit der neuen Frisur wohlfühlen, meine Meinung ist dabei nicht so wichtig. Allerdings muss ich sagen, dass es mir vorher besser gefallen hat."

Denkbar wäre auch folgende Version, die rücksichtsvoll und gleichzeitig ehrlich ist: „Das ist nicht unbedingt meine Lieblingsfrisur, aber ich finde dich immer schön."

Eine respektvolle, ehrliche und reife Antwort von Michael muss unterschiedliche Faktoren berücksichtigen. Da ist zum Beispiel die Frage, wie viel Wohlwollen dem anderen gegenüber in der Beziehung herrscht. Welche Geschichte hat die Ehe? Auf welchem Niveau von Selbstwahrnehmung und Reife befinden sich die Partner?

Überraschenderweise ist es Christina, die in dieser Situation mit ihrer Frage unbewusst lügt. „Wie gefällt dir meine neue Frisur?" ist keine ehrliche Frage. Was eigentlich dahintersteht, ist: „Ich habe Angst, ich könnte nicht gut aussehen. Ich möchte von dir hören, dass ich okay bin, das brauche ich jetzt einfach."
Christinas Frage ist an sich schon eine Lüge.

Christina ist unsicher – nicht nur hinsichtlich ihrer Frisur. Daher möchte sie von Michael Bestätigung erfahren. Ihr Aussehen ist ihr wichtig – so wie den meisten Menschen – und manchmal stört schon eine verunglückte Frisur den Frieden, den wir in der Liebe Gottes finden. Christina möchte sich gut fühlen und so wurzelt bei ihr – und bei vielen anderen Menschen – die Lüge in dem Bedürfnis nach Bestätigung und Anerkennung.

> *Lüge mag uns kurzfristig Erleichterung verschaffen, aber sie hat ihren Preis.*

Lüge mag kurzfristig Erleichterung verschaffen, aber sie hat ihren Preis. Was momentan wie eine harmlose Lüge aussieht, wird langfristig zunehmend kompliziert und schwierig. Der Ausstieg aus der Lüge ist niemals leicht. Beziehungen erkalten und verlieren ihre Qualität. Wir verlieren das Vertrauen anderer in uns, während für uns der Stress wächst. Wir müssen uns merken, wem wir welche Version der Realität erzählt haben, und das schafft Unruhe. Und der wichtigste Punkt: Unsere Fähigkeit, Gott und andere Menschen zu lieben, also der eigentliche Sinn unseres Lebens, bleibt zunehmend auf der Strecke.

Konflikte? – Ein gutes Zeichen!

Die Familientherapeutin Sandra Wilson hat gesagt: „Die Wahrheit macht uns frei, aber zunächst einmal macht sie uns unglücklich."[4] Für Beziehungen, die auf Halbwahrheiten und Lügen fußen, kann die Wahrheit durchaus der Anfang vom Ende sein. Es kann sein, dass einige unserer Beziehungen die Wahrheit nicht verkraften.

Als ich anfing, Pete gegenüber ehrlich zu werden, kam in unsere Ehe ein so noch nicht da gewesenes Konfliktpotenzial, das wir nicht länger ignorieren konnten. Wir waren in unseren Unterschieden stecken geblieben und fanden aus dem Dilemma nicht wieder heraus. Die Wahrheit verändert all das. Die auftretenden Konflikte waren zunächst schwierig und schmerzlich, aber mit der Zeit mündeten sie in die Art von vertrauter Beziehung, die ich mir für unsere Ehe immer erträumt hatte.

Für die meisten Menschen ist ein Konflikt ein Anzeichen dafür, dass etwas nicht stimmt, aber oft ist genau das Gegenteil der Fall. Konflikte können bedeuten, dass alles *genau richtig* läuft. Konflikte sind normal, wichtig und notwendig, wenn enge Beziehungen in eine neue Phase von Wachstum und Reife eintreten.

Konflikte müssen kein Krisenzeichen sein. Sie können auch bedeuten, dass alles genau richtig läuft.

Die Wahrheit zu sagen, bedeutet nicht automatisch, dass der andere darauf positiv reagiert. Wird sie verantwortungslos oder respektlos formuliert, entsteht fast immer ein Schaden, der vermeidbar gewesen wäre. Von Jesus heißt es, er sei erfüllt gewesen von „Gnade und Wahrheit" (Johannes 1,17). Die Wahrheit in Liebe sagen heißt, den richtigen Zeitpunkt abwarten, Respekt zeigen – auch sprachlich –, Verantwortung für die eigenen Gedanken und Gefühle übernehmen und in der Ich-Form reden. All das ist uns nicht in die Wiege gelegt, das müssen wir lernen und immer wieder üben.

Die Wahrheit zu sagen, muss man üben

Aufhören zu lügen ist eine Sache, anfangen, die Wahrheit zu sagen, eine ganz andere. Wenn wir das wirklich schaffen, erkennen wir die Tatsache an, dass jeder – auch der andere – „nach dem Bild Gottes gemacht" ist und daher Respekt verdient. Der verantwortliche Umgang mit der Wahrheit ist ein wichtiges Kennzeichen spiritueller Reife. In unserer Gemeinde wird dabei auf vier Eigenschaften Wert gelegt: Wir reden *respektvoll, ehrlich, direkt* und *klar* miteinander.

Respektvoll. Seien Sie höflich, nicht beleidigend und berücksichtigen Sie die Gefühle des oder der anderen.

Respektlos: „Die Idee ist Mist …"

Respektvoll: „Das ist eine interessante Idee", oder: „An dieser Idee verblüfft mich …"

Ehrlich. Sagen Sie ehrlich, was Sie denken oder empfinden; lügen Sie nicht und verfälschen Sie auch nicht die Wahrheit.

Unehrlich: „Ich kann nicht mit zum Essen kommen. Ich habe schon etwas anderes vor."

Ehrlich: „Ich gehe nicht mit zum Essen, ich möchte heute lieber allein sein."

Direkt. Reden Sie nicht um den heißen Brei herum und vermeiden Sie versteckte Andeutungen. Machen Sie keine Aussage, wenn Sie eigentlich eine Frage stellen wollen.

Indirekt: „Heute läuft ein guter Film, aber draußen regnet es ja in Strömen."

Direkt: „Würdest du mit mir ins Kino gehen, auch wenn es draußen in Strömen regnet?"

Klar. Denken Sie nach, bevor Sie reden, damit Sie auch wirklich beschreiben können, was Sie wollen. Gehen Sie ins Detail.

Unklar: „Du könntest ja auch mal kochen."

Klar: „Du könntest doch dienstags und donnerstags kochen. Dazu würde dann aber auch gehören, dass du dich um die nötigen Zutaten kümmerst."

Solch ein Umgang mit der Wahrheit erfordert eine intensive gedankliche Auseinandersetzung und er kostet Energie. Vergessen Sie nicht, dass die vier oben genannten Eigenschaften bisher höchstwahrscheinlich nicht Teil Ihrer Sprachkultur gewesen sind. Nur wenige Menschen haben dafür Vorbilder aus Familie oder Kultur vor Augen. Nehmen Sie sich Zeit und seien Sie beim Einüben dieser „neuen Kunst" gnädig mit sich selbst.

Gott anlügen

Auch Gott gegenüber sind viele Menschen nicht wahrhaftig. Sie sagen ihm nur, was er ihrer Meinung nach hören will bzw. was sie fühlen sollen. So war das auch bei mir. Dabei sollte man sich einmal vor Augen führen, wie absurd diese Vorstellung ist, denn niemand kennt uns schließlich besser als Gott. Nachdem ich vor mir selbst ehrlich geworden war, wurde ich endlich auch radikal ehrlich mit Gott.

Jahrelang hatte ich in einem inneren Konflikt gelebt. Ich war Christin, schlug mich aber mit Gedanken und Gefühlen herum, die meiner Meinung nach in keiner Weise akzeptabel waren. Traurigkeit und Wut erfüllten mich mit Schuld- und Schamgefühl. Für mich waren das falsche Empfindungen, die unterdrückt und geleugnet werden mussten. Immer wieder bat ich Gott: „Schenk mir Freude über deine Rettung" (Psalm 51,14). Traurigerweise verstand ich nicht, dass Gott mich gerade durch meinen inneren Schmerz erreichen wollte.

Im Gegensatz zu meinem Umgang mit meinem inneren Aufruhr sieht man an biblischen Vorbildern für echte Spiritualität, dass sie ihre innere Welt wahrnehmen, annehmen und sich selbst und anderen gegenüber ehrlich sind. Die Propheten Elia und Jona sagen Gott ehrlich, dass sie lieber sterben würden (1. Könige 19,1-5; Jona 4,8), als Gottes Wege mit ihnen und der Welt zu akzeptieren. Hiob verflucht nach dem Tod seiner zehn Kinder und dem Verlust seiner Gesundheit den Tag seiner Geburt. Johannes der Täufer zweifelt daran, dass Jesus wirklich der Messias ist, und spricht ganz offen über seine Verwirrung. Gott ruft uns dazu auf, unsere Beziehung zu ihm auf Ehrlichkeit zu gründen. Wir sollen uns – in seiner Gegenwart – unseren Enttäuschungen und (großen wie kleinen) Kämpfen stellen, zusammen mit allen sich daraus ergebenden verwirrenden Gefühlen.

Ich dachte fälschlicherweise, dass Dinge, die ich nicht laut ausspreche, nicht existieren, noch nicht einmal für Gott. Dass er nicht merken würde, wie wütend, deprimiert, beschämt, hoffnungslos oder verwirrt ich war – so als ob er nicht bereits all meine Gedanken und Empfindungen kennen würde. Je authentischer ich mit mir selbst wurde, desto besser lernte ich Gott kennen. Gottes Wort und seine Gnade wurden ganz neu lebendig.

> *Gott ruft uns dazu auf, unsere Beziehung zu ihm auf Ehrlichkeit zu gründen.*

Wenn wir uns mutig der Wahrheit verschreiben, gehen wir vorwärts, Hand in Hand mit Gott, und machen die Erfahrung, dass die Wahrheit uns tatsächlich frei macht.

Die Masken abnehmen und den Himmel erleben

Eines müssen Sie allerdings wissen: Wenn Sie das Lügen aufgeben und sich fortan der Wahrheit verschreiben, wird das anfangs wie Sterben sein, denn dieses Verhalten ist tief in uns verwurzelt. Aber dennoch ist es ein gutes Sterben, denn es führt zum Leben und zur Auferstehung.

Haben Sie erst einmal die Maske der Oberflächlichkeit und des „Nett-Seins" abgenommen, die christliche Kultur heute kennzeichnen, werden Sie Erleichterung, Freiheit und echtes Leben im Leib Christi, der Kirche, spüren – einen Vorgeschmack des Himmels. Ihre Beziehungen werden authentischer werden. Da es nichts mehr zu verbergen gibt, gibt es auch weniger Stress und Angst. Ihre Selbstachtung wächst, weil Ihre Integrität nicht länger leidet. Friede durchströmt Ihr Leben – Friede mit Gott, mit sich selbst und mit anderen.

Wenn Sie aufhören zu lügen, wird Ihre Spiritualität einen Schub nach vorne erleben. Falsche Schichten der Persönlichkeit werden entfernt und das „wahre Selbst", das Gott in Sie hineingelegt hat, kommt zum Vorschein. Mit Gottes Gnade werden Sie immer freier werden.

Und es gibt keinen Weg zurück.

Fünf Jahre nach der Babyparty unserer Tochter Faith sprachen Pete und ich endlich über meinen Schmerz und meine Enttäuschung. Seit wir uns in unserer Ehe konsequent an die Wahrheit hielten, konnten wir Dinge respektvoll, ehrlich, direkt und klar ansprechen. Ich weinte, als ich den Schmerz von damals beschrieb. Pete hörte zu. Uns war klar, dass wir das Ereignis von damals nicht ungeschehen machen konnten. Wir sagten, was notwendig war, und umarmten uns. Pete bat um Vergebung. Endlich brachten wir eine schmerzliche Episode unserer Beziehung zu einem gesunden Abschluss.

> *Wer Schluss macht mit der Lüge, in dem kommt das „wahre Selbst", das Gott in ihn hineingelegt hat, zum Vorschein.*

Wenn wir aufhören, uns selbst, andere und Gott zu belügen, beginnt ein dramatischer Aufbruch. Lange verschüttete Dinge, gute wie schlechte (seien wir ehrlich, nennen wir es, wie es ist: Sünde), kommen an die Oberfläche. Und es stellt sich eine ganz neue Frage: Was muss ich aufgeben und was kann bleiben?

3
Schluss mit falscher Selbstverleugnung

Viele Christen führen ein unglückliches und unerfülltes Leben. Müde, frustriert und häufig verbittert steuern sie auf einen Burn-out zu und fragen sich, was denn wohl schiefgelaufen ist. Sie haben ihre Prioritäten falsch gesetzt. Sie wollen sich selbst verleugnen, aber sie sterben den falschen Dingen. Das meint: Sie rauben sich selbst die von Gott gegebenen Gaben und Freuden, die sein Leben in uns fördern und nähren.

Selbstverleugnung ist gewiss etwas, das zum christlichen Leben gehört. „Uns selbst sterben", „sein Leben verlieren", „sein Kreuz auf sich nehmen" nennen wir das auch im frommen Sprachgebrauch. Aber sie kann in eine völlig falsche Richtung gehen. Man kann auch den falschen Dingen sterben. Das geschieht, wenn ich auf Dinge verzichte, die mir wichtig sind und die meine Seele zum Klingen bringen, z. B. Musik, Tanz, Schreiben, Bewegung an der frischen Luft etc. Falsch läuft es, wenn ich mich um andere kümmere und dabei selbst zu kurz komme oder wenn ich nicht ehrlich zu dem stehe, was mir Spaß macht, und eigene Wünsche immer für andere zurückstelle.

Hinter dieser „Opferhaltung" steht nicht selten ein Mangel an Selbstachtung und die Unfähigkeit, die Würde zu sehen, die Gott jedem Menschen verliehen hat. Das kann leicht dazu führen, dass der Begriff „das eigene Leben für Christus hingeben" auf tragische Art und Weise verzerrt bzw. völlig falsch interpretiert wird.

Christ oder Unperson?

Während meines ersten Jahrs am College war ich als Austauschstudentin in England und dort habe ich mich bekehrt. Damals hatte ich ein großes Ziel vor Augen: Christus zu lieben und ihm zu dienen als Antwort auf seine opferbereite Liebe für mich. Ich wählte Markus 8,34 zu meinem Lebensmotto: „Wer mir nachfolgen will, der darf nicht mehr sich selbst in den Mittelpunkt stellen, sondern muss sein Kreuz auf sich nehmen und mir nachfolgen."

Wieder zu Hause, stürzte ich mich in die Arbeit: Ich leitete Kleingruppen, organisierte christliche Veranstaltungen und erzählte in meinem großen Freundeskreis von Jesus. Petes und mein Standardjoke damals lautete: Mit Christus läuft es gut, mit unseren Klausuren nicht.

Nach dem Collegeabschluss und zwei Jahren als Lehrerin an einer Highschool arbeitete ich drei Jahre bei einer christlichen Studentenmission unter Studenten der Rutgers University und anderer Colleges in New Jersey. Nach einigen Jahren des intensiven Engagements war ich erschöpft. Nach der Verlobung mit Pete hoffte ich, dass ich nach der Hochzeit ein neues und weniger intensives Kapitel in meinem Leben würde aufschlagen können.

Da hatte ich noch keine Ahnung, dass ein Tsunami im Anmarsch war.

Fünf Monate nach unserer Hochzeit ließ ich mich auf Petes Vision ein. Wir wollten in Mittelamerika Spanisch lernen, um dann in New York eine neue Gemeinde zu gründen. Eine eigene Vision hatte ich nicht, außer der, mit Pete verheiratet zu sein. Also gingen wir nach Costa Rica und lebten dort in einem Armenviertel bei einer Familie mit zehn (!) Kindern, die kein Englisch sprach.

Nach einem Jahr kehrten wir nach New York zurück. Weniger als einen Monat später wurde unsere erste Tochter geboren. Pete verbrachte den Großteil seiner Zeit mit Predigt und Lehre und legte den Grundstein für die New Life Fellowship Church.

> Selbstverleugnung gehört zum christlichen Leben. Aber sie kann in eine völlig falsche Richtung gehen.

Die folgenden acht Jahre verbrachte ich mit Kindererziehung, den Pflichten einer Pastorenfrau, die für alle und jeden ein offenes Haus hat, Rettungsaktionen für Menschen in Krisen und den nicht enden wollenden Anforderungen einer Gemeindegründungsarbeit. Mein Leben war das reinste Irrenhaus, und irgendwann konnte ich es nicht mehr aushalten.

Es zeigte sich, dass ein falsches Verständnis und die falsche Anwendung meines Lebensmottos – „Wer mir nachfolgen will, der darf nicht mehr sich selbst in den Mittelpunkt stellen, sondern muss sein Kreuz auf sich nehmen und mir nachfolgen" – mich an den Rand eines Abgrunds gebracht hatten. Körperlich und emotional war ich völlig erschöpft. Unser Gemeindedienst war mehr als effektiv, man hätte also sagen können, dass ich die ganze Welt gewann. Aber meine Seele verlor ich.

Ich war immer sehr extrovertiert gewesen, aber jetzt war ich zunehmend deprimiert und wollte mich so weit wie möglich von anderen Menschen zurückziehen. Es war so schlimm, dass ich mich selbst nicht mehr wiedererkannte. Das war auch der Punkt, an dem ich die Gemeinde verließ.

Pete und ich brauchten dringend Hilfe, um das Chaos in unserer Seele, unserer Ehe und unserer Gemeinde wieder in den Griff zu bekommen. Mithilfe eines weisen Seelsorgers schaffte ich es, offen auszusprechen, was ich wirklich fühlte und dachte, und dadurch spürte ich wieder Leben durch meine Adern fließen. Wut, Verletzungen und Müdigkeit wurden an- und ernst genommen.

„Ja, es ist nur zu verständlich, dass Sie so fühlen", sagte unser Seelsorger. Dann fuhr er fort: „Geri, haben Sie schon mal über das Prinzip nachgedacht: Du kannst andere nur in dem Maß lieben, wie du dich selbst liebst?" Seine Worte waren wie Wasser auf meine vertrocknete Seele.

Mir dämmerte eine schmerzliche Wahrheit: „Vielleicht habe ich die falschen Teile meiner Persönlichkeit aufgegeben … Teile, die Christus überhaupt nicht haben wollte. Vielleicht hat vieles von dem, worunter wir jetzt leiden, gar nichts mit dem Evangelium zu tun[1], sondern mit Dummheit und Ignoranz!" Dieser Gedanke war zutiefst alarmierend. War es denn tatsächlich möglich, dass ich mich völlig falsch orientiert hatte? Dass meine Art von „Selbstverleugnung" ein Irrtum war?

Eine „gute, liebevolle Christin"?

Nach meiner Bekehrung lernte ich ziemlich schnell, dass eine „gute und liebevolle Christin" bestimmte Qualitäten aufzuweisen hat. Die christliche Subkultur, die mich in meinem Glauben prägte, lebte entsprechende Botschaften vor und ermutigte mich, sie zu übernehmen.

Ich wollte um jeden Preis eine gute, liebevolle Christin sein. Fälschlicherweise ging ich davon aus, dass zu guten, liebevollen Christen fünf Dinge zwingend dazugehören: Sie sagen niemals Nein, sie haben einen vollen Terminkalender voller sozialer Kontakte, sie jonglieren mit vielen Verpflichtungen gleichzeitig, ohne sich zu beklagen, sie schaffen vieles und sie stellen stets die Bedürfnisse anderer über ihre eigenen.

Sie sagen niemals Nein

Damals hatte ich noch nicht das grundlegende biblische Prinzip verstanden, dass Grenzen ein Geschenk Gottes sind.[2] Gott errichtet um jedes lebende Wesen Grenzen, auch um den Menschen. Wir sind keine Roboter, die rund um die Uhr funktionieren. Körper und Geist brauchen Schlaf und Ruhe. Alter, Persönlichkeit, Familienstand, Kinder, Gaben, Bildung, Ursprungsfamilie und wirtschaftliche Verhältnisse – all das sind Punkte, an denen sich Grenzen festmachen können.

> *Damals hatte ich noch nicht das grundlegende biblische Prinzip verstanden, dass Grenzen ein Geschenk Gottes sind.*

Ich aber ging davon aus, dass es Gottes erklärter Wille ist, mich um jede Not zu kümmern, die mir begegnet, und dass das auch genau richtig ist. Tat ich es einmal nicht, hatte ich ein schlechtes Gewissen.

Meine Gespräche verliefen ungefähr so:

Eine Freundin: „Geri, kannst du mich vielleicht nach Hause fahren?"

Geri: „Natürlich!" (Obwohl das für mich ein Riesenumweg ist und ich eigentlich müde bin.)

Ein Gemeindemitglied: „Geri, kannst du heute den Kindergottesdienst übernehmen? Mein Kleiner war letzte Nacht so unruhig, mir geht's heute nicht so gut."

Geri: „Natürlich!" (Obwohl ich selbst kleine Kinder habe und auch müde bin.)

Pete: „Geri, kann ich zum Essen Gäste mitbringen?"

Geri: „Natürlich!" (Obwohl ich lieber mit Pete allein gewesen wäre.)

Egal, welche Bitte an mich herangetragen wurde, egal, wie müde und leer ich mich fühlte – ich glaubte, dass eine gute und liebevolle Christin nur in absoluten Ausnahmefällen Nein sagt.

Sie haben ein aktives Sozialleben

Durch mein aktives Sozialleben hatte ich den – allerdings falschen – Eindruck, gut und liebenswert zu sein. Ich dachte: „Ich bin eine gute Christin, wenn ich viel Besuch habe bzw. selbst auch viel bei anderen bin." Je mehr Veranstaltungen ich besuchte, je mehr Einladungen ich annahm, desto besser war der Eindruck, den ich von mir hatte.

Irgendwann wurde all das jedoch zu einer furchtbaren Belastung, weil ich mich verpflichtet fühlte, *überall* hinzugehen. Wie viele Geburtstagsfeiern, Babypartys, Abschlussfeiern, Hochzeiten, Abendessen und Gemeindeveranstaltungen kann ein einzelner Mensch besuchen? Ich wollte auch einmal allein sein, richtete meinen Terminkalender aber trotzdem auf Verpflichtungen in Gemeinde und Familie aus. Und so steuerte ich geradewegs auf eine Katastrophe zu.

Sie jonglieren mit vielen Verpflichtungen gleichzeitig, ohne sich zu beklagen

Ich dachte, dieser Punkt sei die eigentliche Nagelprobe, wie weit es mit meiner Spiritualität her sei. Mit einer weiteren aus dem Kontext gerissenen Bibelstelle redete ich mir ein, dass ich alles schaffen kann – durch Christus, der mir Kraft gibt (s. Philipper 4,13) –, und zwar ohne mich deswegen noch zu beklagen!

Tatsächlich beklagte ich mich aber doch, und auch nicht gerade wenig, aber das geschah nicht direkt. Ich sprach niemals offen aus: „Unser Leben ist einfach zu vollgepackt. Ich will so nicht leben." Stattdessen jammerte ich und ging allen aus dem Weg, über die ich mich geärgert hatte. Ich sprach über zwischenmenschliche Probleme mit Dritten, anstatt direkt zu dem oder der Betreffenden hinzugehen.

Irgendwann war ich durch das Jonglieren mit zu vielen Terminen einfach überfordert. Ich suchte einen Ausweg, hatte aber nicht mehr die Kraft zum Gegensteuern. Meinen Frust ließ ich an anderen aus, überwiegend an Pete. Kein Wunder, dass ich von einer Depression in die nächste rutschte.

Sie schaffen vieles

Je beschäftigter ich war, desto geistlicher und gottgefälliger musste ich wohl sein – das war irgendwie meine Überzeugung geworden. War ich selbstlos und opferte bereitwillig meine Zeit, musste ich wohl liebevoll sein. Auch Paulus scheint viel geschafft zu haben. Ebenso Jesus. Und auch die sogenannten reifen Christen, die damals zu meinem Freundes- und Bekanntenkreis gehörten. Eine von diesen „Lichtgestalten" sagte einmal zu mir: „Ich werde bis zu meinem Tod so hart wie möglich arbeiten. Im Himmel werde ich genug Zeit zum Ausruhen haben."

Auch ich schaffte viel. Das Problem war nur, dass ich dabei müde, gereizt und ziemlich wütend war.

Sie stellen die Bedürfnisse anderer über die eigenen

Mein Glaubensleben war nach drei Prioritäten geordnet, an die ich mich strikt hielt:

Zuerst Jesus.
Dann die anderen.
Dann ich.

Ich hatte stets die Bedürfnisse anderer – ob es nun die meines Mannes oder die meiner Kinder waren – über meine eigenen gestellt. Ich hatte, allerdings erfolglos, versucht, zu leben, was Paulus den Philippern ans Herz legt: „Seid bescheiden und achtet den anderen mehr als euch selbst. Denkt nicht an euren eigenen Vorteil, sondern habt das Wohl des anderen im Auge" (Philipper 2,3.4). Allerdings in meinem begrenzten und engen Verständnis dieser Stelle.

Das Problem daran war, dass es nicht funktionierte. Ich erhielt durch dieses Verhalten nicht die Freude, die ich mir erwartet hatte. Je mehr die Anforderungen meines Mottos die echte Freude an Christus aus mir heraussaugten, desto schlechter fühlte ich mich.

Zwei Spannungsfelder

In den Jahren nach meiner Bekehrung konzentrierte sich mein Glaubensleben und -fortkommen vorwiegend auf Verdorbenheit und Sünde. All das Gute, das Gott in meine einzigartige Persönlichkeit hineingelegt hatte – die immerhin nach seinem Bilde geschaffen ist –, spielte kaum eine Rolle. Das menschliche Herz wurde als etwas Böses gesehen, dem unter keinen Umständen zu trauen war.

Natürlich sind wir als Menschen fehlerbehaftet und von der Sünde entstellt. Trotzdem sind wir nach dem Bild Gottes geschaffen und deswegen hat auch in jedem Menschen das Gute seinen Platz, sei er in religiösen Dingen arrogant, kriminell, obdachlos oder einfach wie Sie und ich. Henri Nouwen beschreibt das sehr gut:

> Lange Zeit betrachtete ich ein geringes Selbstwertgefühl als Tugend. Ich war so oft vor Stolz und Arroganz gewarnt worden, dass ich es irgendwann als gut ansah, mich selbst abzulehnen. Aber jetzt erkenne ich, dass die wahre Sünde darin besteht, Gottes erste Liebe zu mir zu leugnen, mein ursprüngliches Gutsein zu ignorieren. Denn wenn ich nicht zu dieser ersten Liebe und diesem ursprünglichen Gutsein stehe, verliere ich mein wahres Selbst aus dem Blick und suche bei den falschen Leuten und an den falschen Orten nach etwas, das es nur im Hause meines Vaters gibt.[3]

Eine einseitige biblische Theologie schafft es nicht, diese beiden Spannungsfelder im Gleichgewicht zu halten. Und das führt zu vielerlei Verwirrung im Blick darauf, was „Selbstverleugnung" meint und welche Prioritäten im Leben eines Menschen richtig oder falsch sind.

Falsche Prioritäten – oder: Eine falsche Art von Selbstverleugnung

Die fehlgeleiteten Überzeugungen in meinem Glauben führten dazu, dass ich völlig falsche Prioritäten entwickelte. Für mich stand fest: Ein guter Christ stellt die Bedürfnisse anderer über die eigenen. Für mich waren das nicht nur die Bedürfnisse meines Mannes, meiner Kinder und meiner Gemeinde, sondern zusätzlich auch noch die Probleme und Ansprüche der gesamten Nachbarschaft.

In unserer Straße wohnte eine junge Frau, eine alleinerziehende Mutter mit sechs kleinen Kindern, die von Sozialhilfe lebte. Ihr zu helfen, artete schnell in einen Vollzeitjob aus: Ich fuhr mit ihr zum Supermarkt, passte auf die Kinder auf, versorgte sie mit Kleidung und manchmal auch mit Geld.

Die Drogendealer um die Ecke stellten meine Liebe, Geduld und „Selbstlosigkeit" regelmäßig auf die Probe. Häufig wurden wir nachts von ihren Kunden geweckt, die vor dem Haus hupten, um ihre Lieferung abzuholen. Tagsüber bellten stundenlang ihre Pitbulls, während die Besitzer schliefen. Ständig versuchten sie, uns anzupumpen, und wenn sie sich nachts lauthals mit ihren Prostituierten stritten, lagen wir wach in unseren Betten und hofften, dass schnell Ruhe einkehrte.

Täglich begegnete mir eine Unmenge an Problemen und um jedes meinte ich mich kümmern zu müssen – ohne ein Wort der Klage. Ich stellte meine eigenen Bedürfnisse zurück, wie es eine gute Christin meiner Meinung nach tun sollte. Ich verleugnete mich und starb auch irgendwie – aber es war nicht der Tod des alten Ich. Ich verleugnete vielmehr eine Menge an Gutem, das Gott mir zugedacht hatte und womit er mich beschenken und beleben wollte.

Aus meinem Irrglauben heraus *verleugnete ich* meine Liebe zur

Bewegung in der Natur. Ausflüge ans Meer, Wandern in den Bergen – daran war überhaupt nicht zu denken. Ich bin leidenschaftliche Camperin, aber durch die intensive Arbeit in der Gemeinde und Petes Abneigung gegen Camping rückte ich meine Liebe zur Natur vollkommen in den Hintergrund ... siebzehn Jahre lang. In unserem Garten steht ein einziger Baum, aber das ist kein Ersatz für einen echten Wald! Meine Eltern boten uns oft an, Urlaub in ihrem Strandhaus zu machen, und jedes Mal, wenn ich ihr Angebot ablehnte – und das tat ich regelmäßig –, wurde es in mir wieder etwas kälter und mein Ärger wuchs. Obwohl ich in einer Millionenstadt wohne, hat Gott nie von mir verlangt, meine Liebe für alles Schöne und die Natur zu verleugnen und aufzugeben, auch wenn sie nicht gerade um die nächste Ecke liegt.

In meinem Bemühen, alle und jeden zu lieben, verkümmerte allmählich meine Seele.

Auch mein Bedürfnis nach Ruhe und Einsamkeit stellte ich ganz hinten an. Mein Leben als zwar verheiratete, aber quasi alleinerziehende Mutter brachte mich an den Rand meiner Kräfte. Am Anfang wohnten wir lange direkt neben einer Schnellstraße, sodass Verkehrslärm ein ständiger Begleiter war, auch nachts. Der permanente Lärmpegel und die vielen Menschen, die ständig bei uns hereinschneiten, ließen wenig Raum für die Ruhe und Einsamkeit, nach denen ich mich doch eigentlich so sehnte.

Ich vernachlässigte die Verwandtschaft und verpasste wichtige Familienfeiern, weil die Gemeinde immer vorging. Bei Frauenwochenenden mit Cousinen, Schwestern und Tanten war ich nicht dabei. Ich verpasste Hochzeiten und andere Feste. Natürlich hätte ich Pete bitten können, seine Termine so zu legen, dass ich an solchen Ereignissen teilnehmen konnte, aber dafür nahm ich mich selbst nicht wichtig genug. Ich redete mir ein, mein Engagement für Christus und seine Gemeinde seien der Grund dafür, dass ich so viele wichtige Familientreffen auslieeß. Wie eine Märtyrerin ergab ich mich widerspruchslos in mein Schicksal.

Ein bewusstes persönliches Wachstum blieb ebenfalls auf der Strecke. Ich kümmerte mich nicht darum, meine Gaben der Menschenführung weiterzuentwickeln, und verzichtete auf einen qualifizierten Abschluss. Meine Rolle war die der Unterstützerin – nicht, weil Gott mich dazu berufen hätte, sondern weil in meiner Gemeinde und meiner Herkunftsfamilie ein bestimmtes Frauenbild herrschte, dem ich entsprechen wollte.

Und auch unsere Ehe bekam nicht den Platz, der ihr zugestanden hätte. Pete und ich wussten ja auch nicht, was wir verpassten. Wenn man seine Ehe zu einer reifen, intimen und beide Seiten befriedigenden Partnerschaft machen will, muss man sich Zeit nehmen – sehr viel Zeit. Niemand hatte uns gesagt, wie man das schafft, und Vorbilder waren mehr als rar. Wir investierten unsere Liebe in die Menschen, die uns begegneten, und in die Gemeinde, und so entging uns in den ersten acht Ehejahren viel von der Freude, die Gott für die Ehe vorgesehen hat.

Ist es bei Ihnen auch so, dass Sie irrtümlicherweise auf Dinge verzichten, für die Christus von Ihnen gar keinen Verzicht fordert? Verleugnen Sie sich auf eine falsche Weise? Heute praktizieren Pete und ich regelmäßig das „Gebet der liebenden Aufmerksamkeit", um herauszufinden, wo wir die falschen Prioritäten verfolgen. Wir nehmen uns einige Minuten Zeit und überlegen: „In welchen Momenten habe ich mich in der vergangenen Woche so richtig lebendig gefühlt? Was fühlte sich nicht gut und meinem Leben nicht förderlich an?"[4]

Wenn wir die falschen Dinge aufgeben, wird uns das letztlich in eine Haltung des Ungehorsams führen. Ein jüdischer Rabbi hat das einmal sehr gut formuliert: „Für uns Juden ist es wichtiger, die Bibel zu studieren, als ihren Worten zu gehorchen, denn wenn du sie nicht richtig verstehst, wirst du ihr auf die falsche Art und Weise gehorchen, und das macht deinen Gehorsam zum Ungehorsam."[5] Das mag vielleicht übertrieben klingen, aber für ein am Glauben orientiertes Leben ist es entscheidend, ob wir die richtigen Dinge aufgeben oder die falschen. Selbstverleugnung ist gewiss ein Aspekt des christlichen Lebens – aber auf die richtige Weise.

Die richtigen Prioritäten – oder: Echte Selbstverleugnung

Niemals verlangt Gott von uns, Dinge aufzugeben, die unsere Seele lebendig erhalten. Nehmen wir zum Beispiel David. Von ihm wurde nicht verlangt, seine Liebe zu Musik und Dichtung aufzugeben. Als König, der einem enormen Druck ausgesetzt war, hätte er seine Zeit gut mit anderen Dingen zubringen können, als ausgerechnet Psalmen zu dichten. Noch heute profitieren wir von seiner Entscheidung, dieses „Hobby" beizubehalten.

Was wir jedoch aufgeben müssen, sind die Seiten unserer Persönlichkeit, die uns in Sünde und Schuld führen: Überempfindlichkeit, Arroganz, Heuchelei, Vorurteile und Selbstbestätigung um jeden Preis. Ganz zu schweigen von den sehr viel offensichtlicheren Sünden wie Klatsch und Tratsch, Lüge, Stehlen, Neid etc. In dieser Hinsicht musste auch David Selbstverleugnung lernen, einem Teil seines Wesens sterben, denn er log, richtete sich sehr nach der Meinung von anderen und setzte sein Vertrauen eher auf militärische Macht als auf Gott.[6]

Wenn wir uns verändern wollen, müssen Teile unserer Persönlichkeit, die oftmals vor uns selbst verborgen sind, angesehen, bearbeitet und dann begraben werden.

Wenn wir uns verändern wollen, muss viel von dem, was jetzt noch unter der Oberfläche unseres Lebens liegt, ans Licht gebracht werden, tief verwurzelte Teile unserer Persönlichkeit, mit denen wir uns zuerst auseinandersetzen und die wir dann begraben müssen. Diese „Seelenarbeit" ist der einzige Weg zu einem Leben, in dem die Freiheit, Wahrheit und Liebe, die Christus uns schenken will, zur Geltung kommen.

Bei mir waren das zum Beispiel meine Überempfindlichkeit und gewollte Zurückhaltung gegenüber anderen, Kritiksucht, das Bedürfnis, es allen recht machen zu wollen, die Angst vor Verletzungen und Schwäche und die ständige Suche nach Bestätigung. Die Vorstellung, Fehler und die eigene Verletzlichkeit öffentlich zuzugeben, war für mich schlimmer als der Tod.

Ich weiß noch genau, wie ich weinend mit Pete in unserem

Wohnzimmer saß und damit rang, vor anderen Schwäche zu zeigen. Panik ergriff mich und ich fühlte mich wie eine Artistin, die in schwindelnder Höhe ohne Netz und doppelten Boden am Trapez durch die Zirkuskuppel fliegt. Inmitten dieser großen Angst hörte ich Gottes ruhige, leise Stimme sagen: „Geri, da ist doch ein Netz – das Evangelium. Christus ist für dich gestorben. Du bist geliebt. Du darfst schwach sein. Du musst nichts mehr beweisen."

Da zerbrachen meine Vorstellungen davon, wie eine gute, liebevolle Christin zu sein hat. Jetzt konnte ich anfangen, die richtigen Dinge aufzugeben – meinen Selbstschutz und meine Angst vor Zurückweisung. Ich fühlte mich wie neugeboren – wieder einmal.

Das eigene Selbst entdecken

Das eigene Selbst aufzugeben setzt voraus, dass man eines hat.

Bei vielen Christen fängt das Problem an, wenn sie versuchen, ein Selbst zu opfern, das sie gar nicht haben. Wir wollen Angst, Wut oder Traurigkeit ablegen, ohne überhaupt zuzugeben, dass wir ängstlich, wütend oder traurig sind. Wir versuchen, Gedanken und Gefühle abzustellen, die nicht zum Leben eines Christen passen, ohne uns einzugestehen, dass sie existieren. Wir wollen andere lieben und respektieren, ohne mit uns selbst liebevoll und respektvoll umzugehen. Wir sind freundlich zu anderen, ohne freundlich zu uns selbst zu sein.

Mir hat es im Laufe der Jahre geholfen, mir bewusst zu machen, dass „ich" in zwei Welten existiere – einer äußeren und einer inneren Welt. Zu der äußeren Welt gehören die Menschen, mit denen ich zu tun habe, und die Dinge, die um mich herum vor sich gehen. Die äußere Welt erlebe ich über die fünf Sinne – sehen, schmecken, tasten, riechen und hören. Zur inneren Welt gehört das, was in mir vorgeht – Gedanken, Gefühle, Werte, Liebe, Glaubensüberzeugungen, Motivationen.

Viele Menschen sind sich oft nur der äußeren, sichtbaren Welt bewusst; dabei ist es die innere Welt, die unser Leben entscheidend beeinflusst. Nur wenige Menschen nehmen sich ausreichend Zeit für die nötige Reflexion, die erst das Bewusstsein für diese innere Welt schafft.

Bei meiner Entdeckungsreise hin zu den Teilen meiner Persönlichkeit, die ich aufgeben bzw. nicht aufgeben musste, war es entscheidend, dass ich mich selbst besser kennenlernte. Es waren speziell drei Bereiche, durch die ich aufdecken konnte, was mich in Sünde und Schuld brachte und unbedingt „beerdigt" werden muss-

Das eigene Selbst aufzugeben setzt voraus, dass man eines hat.

te. Und ich konnte mir die Samenkörnchen meines wahren Selbst zurückholen, die gehegt und gepflegt werden mussten. Folgende drei Hauptbereiche müssen Sie kennen und erforschen, wenn Sie sich kennen und ein Bewusstsein für die eigene Person entwickeln wollen: Ihr Herz, Ihre Geschichte und Ihre Persönlichkeit.

Das eigene Herz kennen

Das eigene Herz zu kennen bedeutet, auf die zahllosen Gedanken und Gefühle zu achten, die in unserem Inneren ständig präsent sind. Der frühere UN-Generalsekretär Dag Hammarskjöld beschreibt diese Herausforderung folgendermaßen: „Für die Erforschung des Weltraums haben wir einiges Geschick entwickelt, aber für die Erforschung unseres persönlichen inneren Raumes haben wir ähnliche Fähigkeiten nicht entwickelt. Die längste Reise ist die Reise nach innen."

Schauen Sie sich den Kreis an, der Ihre innere Welt bzw. Ihr Herz darstellt.

SELBST
Gedanken
Gefühle
Bewertungen
Hoffnungen
Ängste
Überzeugungen

Unser inneres Selbst wird von dem bestimmt, was wir denken und fühlen. Meine Sehnsüchte, Vorlieben, Ängste, Überzeugungen, Werte, Gefühle und Gedanken – all das offenbart, wer ich bin. Nehmen Sie sich, bevor Sie weiterlesen, einige Minuten Zeit und schreiben Sie auf, was Ihnen zu den oben genannten Bereichen einfällt. Wovor haben Sie Angst? Was mögen Sie? Welche unwillkürlichen Gedanken entdecken Sie in unbeobachteten Augenblicken in sich usw.? Die Übung wird Ihnen helfen, etwas mehr davon ans Licht zu bringen, wer Sie wirklich sind. Die Tiefen des eigenen Herzens zu erkennen ist nicht einfach und bedeutet harte Arbeit, die manchmal auch wehtut. Und es erfordert Offenheit für den Heiligen Geist und Zeit zur Reflexion.

Wie bei vielen anderen auch, waren meine Werte – das, was mir wichtig war – im Unterbewusstsein verborgen. Ich wusste gar nicht mehr genau, was ich eigentlich wollte und mochte (meine positiven Werte), also fing ich den Veränderungsprozess damit an, dass ich mich fragte, was ich nicht wollte und mochte (meine negativen Werte). Die Antworten hielt ich schriftlich fest. Hier einige davon:

- Ich bin nicht gerne mit wütenden Menschen zusammen.
- Ich sage nicht gerne Nein.
- Ich fühle mich in Menschenmassen nicht wohl.
- Ich mag es nicht, allein für die Erziehung unserer Kinder zuständig zu sein.

- Ich bin nicht gerne mit jemandem verheiratet, der ständig nur arbeitet.
- Ich mag es nicht, wenn ich nur noch verplant bin und keine Freiräume mehr habe.

Die nächste Frage, die ich mir stellte, war schon schwieriger zu beantworten: Was mag ich? Was ist mir wichtig? Welche Hoffnungen und Vorlieben habe ich? Worüber kann ich mich freuen? Was macht mich wirklich glücklich?

Dadurch wurde eine Reihe von Dingen wieder lebendig, die ich fälschlicherweise ganz aufgegeben hatte: meine Sehnsucht nach Ruhe, nach Bewegung in der Natur, nach einer Ehe, in der es Vertrauen und Nähe gibt, nach Kreativität und meine Freude daran, die Welt zu erkunden.

Wenn wir entdecken wollen, was wir mögen und was uns wichtig ist, müssen wir uns Zeit nehmen.

Wenn wir uns nicht damit auseinandersetzen, was in unserem Inneren tatsächlich vor sich geht, verlieren wir den Zugang zu uns selbst. Und wenn wir die Verbindung zu uns selbst verlieren, fallen wir sehr rasch auch aus der Verbindung zu Gott und seinem Geist und aus der Abhängigkeit von ihm heraus. Und damit wird es praktisch unmöglich, im Glauben zu wachsen und in der Liebe zu leben.

Wenn wir die Auseinandersetzung mit unserer inneren Welt vermeiden, verpassen wir ungezählte Chancen, uns zu verändern.

Das eigene Herz wirklich zu kennen, erfordert von uns, dass wir uns in der Gegenwart Gottes einige schwierige Fragen stellen – Fragen nach unserem Handeln, unseren Reaktionen, Motiven, Gefühlen und Gedanken. Das folgende Beispiel verdeutlicht diesen Prozess.

Eines Nachts, es war fast Mitternacht, lag ich im Bett und konnte nicht schlafen, weil der Hund unserer Nachbarn ununterbrochen bellte. Meine Hoffnung, dass Ruhe einkehren würde, erfüllte sich nicht.

Also stand ich auf, ging hinüber und klingelte.

Eine Frau mittleren Alters kam an die Tür, die kein Englisch sprach. Sie weckte ihre dreizehnjährige Tochter, die für sie übersetzen sollte.

„Hören Sie denn nicht, dass Ihr Hund im Garten ununterbrochen bellt?", fragte ich aufgebracht. „Es ist fast Mitternacht! Bitte holen Sie ihn herein."

Die Tochter übersetzte die Antwort der Mutter, die von dieser mit heftigem Kopfnicken bestätigt wurde. Sie lautete:

„Wir haben Angst vor dem Hund."

„Wie bitte? Wie kann man denn vor seinem eigenen Hund Angst haben?", fragte ich herablassend.

Sofort machte mich der Heilige Geist auf etwas aufmerksam: „Du hattest früher auch Angst vor deinem Hund." Das stimmte.

Aber in dem Moment sagte ich nichts weiter, sondern ging nach Hause. Irgendwann hörte das Bellen auf. Ich erfuhr später, dass die Familie einen Verwandten geholt hatte, der das Tier mutig ins Haus zerrte.

Der Vorfall ging mir am nächsten Tag irgendwie nach und Gott schenkte mir eine veränderte Herzenshaltung. Diese Leute waren nicht dumm, weil sie Angst vor ihrem eigenen Hund hatten. Sie konnten in der Situation nichts tun, selbst wenn es schon sehr spät war. Meine Art der Kommunikation war falsch gewesen. Ich hatte sie behandelt, als wären sie unfähig, und ich wusste genau, was ich tun musste.

Ich ging noch einmal hinüber und entschuldigte mich.

Ich hatte mich mit meiner Reaktion auseinandergesetzt und ganz ehrlich zu ergründen versucht, was wirklich in meinem Herzen vor sich gegangen war.

Mein berechtigter Ärger über das anhaltende Bellen hatte mich aus dem Bett getrieben und Gott verlangte nicht von mir, diesen Ärger aufzugeben, der angemessen war und mich dazu brachte, aufzustehen und eine Grenze zu setzen, um mich zu schützen. Aber ich sollte mich ehrlich dem stellen, was tatsächlich in meinem Herzen vor sich ging – eine Haltung der Voreingenommenheit und Verurteilung. Angesichts der Tatsache, dass ich selbst früher Angst vor meinem eigenen Hund hatte, war meine herablassende Haltung gegenüber den Nachbarn der Gipfel der Heuchelei.

Wenn wir es versäumen, der Haltung unseres Herzens ehrlich und zielstrebig auf die Spur zu kommen, lassen wir unglaubliche Möglichkeiten für Veränderung ungenutzt verstreichen.

Die eigene Geschichte kennen

In den frühen, prägenden Jahren unseres Lebens sind wir wie flüssiger Zement, in dem unsere Familie unbewusst tiefe Eindrücke hinterlässt. Mit der Zeit härten diese Eindrücke aus und sind dann nur sehr schwer zu verändern, und erst mit zunehmendem Alter merken wir, wie tief sie tatsächlich reichen.

Meine Familie hat mir sehr viele positive Prägungen mitgegeben, für die ich sehr dankbar bin. Dazu gehören ein ausgeprägter Familiensinn, der Glaube und Anteilnahme für Arme und Benachteiligte. Leider ist aber auch manches dabei, was sich im Laufe der Jahre als Bürde herausgestellt hat. So habe ich zum Beispiel nie den richtigen Umgang mit Konflikten gelernt oder eine ehrliche Auseinandersetzung mit negativen Emotionen. Diese Verhaltensweisen, es war ja eher ein Vermeidungsverhalten, haben sich später negativ auf meine Ehe, auf den Umgang mit unseren Kindern und andere Beziehungen ausgewirkt.

Wenn wir sagen, wir gehören zur Familie von Jesus, aber ungesunde Verhaltensweisen beibehalten, machen wir uns etwas vor. Sarkasmus, Abwehrhaltung, Perfektionismus, Rachsucht, Verbitterung, Voreingenommenheit und die Unfähigkeit, zu vergeben, haben in der Gemeinschaft von Christen nichts zu suchen. Wir müssen uns ehrlich mit unserer eigenen Geschichte auseinandersetzen, um das Gute behalten und das Schlechte mutig eingestehen und verändern zu können. Nur dann werden wir in der Lage sein, die richtige Art von Selbstverleugnung zu betreiben und die richtigen Dinge aufzugeben.

Natürlich prägt uns nicht nur unsere Familie. Fragen Sie sich: Wer war außerdem in meinem Leben einflussreich, z. B. ein Trainer, Mentor, Pastor oder Lehrer? Vielleicht hat ein Leistungssportler immer wieder von seinem Trainer gehört: „Siegen ist alles." Als Erwachsener werden Rückschläge, Versagen und Enttäuschungen nicht als zum Leben zugehörig erlebt, sondern als Grund, sich selbst zu verdammen und sich in allen Lebensbereichen als Versager zu sehen. Wenn die empfangenen Botschaften die Grenzen unseres Menschseins verletzt haben, können wir auch nicht verstehen, was es eigentlich bedeutet, sich selbst zu verleugnen und Christus nachzufolgen.

Zur Auseinandersetzung mit der eigenen Geschichte gehört auch ein Blick auf die Glaubensgeschichte. Mich hat – im Positiven wie im Negativen – mein evangelikales Christsein geprägt. Auf der positiven Seite habe ich dadurch die Freude über eine persönliche Beziehung mit Christus kennengelernt und die Faszination des Evangeliums, ich habe eine Liebe zur Bibel entwickelt und die Kraft des Heiligen Geistes entdeckt und dass Gottes Herz für diese Welt schlägt. Aber auch auf der negativen Seite habe ich einiges mitbekommen, was ich später mit viel Mühe erst wieder lernen musste aufzugeben: die Neigung, die eigenen Grenzen zu überschreiten und Schwäche zu ignorieren; schwierige Emotionen wie Wut, Traurigkeit, Angst; ein rasches Urteil über den Glauben anderer und die Kunst, die eigene Zerrissenheit zu verdrängen.

Welche Botschaften haben Sie von Ihrer Mutter mitbekommen? Von Ihrem Vater? Von einem Lehrer, Jugendleiter, Trainer oder einer frühen Bezugsperson? Überlegen Sie, was Gott zu diesen Botschaften sagt. Wie hilft Ihnen die Bewusstmachung dieser Botschaften und ihrer Auswirkungen dabei, zu erkennen, wo Selbstverleugnung angebracht ist und wo nicht? Wie bringen diese Einsichten Sie auf die Spur, was die richtigen und was die falschen Dinge sind, die Sie persönlich „sterben lassen" müssen?

Die eigene Persönlichkeit kennen

Wer sind Sie wirklich? Wann, wo und wobei fühlen Sie sich lebendig? Wann überhaupt nicht? Welche Abwehrmechanismen haben Sie entwickelt? Bei welchen Gelegenheiten errichten Sie Schutzwälle um sich? Was spricht Sie an, was macht Sie verrückt? Wir meinen zwar häufig, wir würden uns gut kennen, aber das stimmt nicht. Persönlichkeitstests lügen nur selten und können sehr genaue Informationen liefern, die das Verständnis der eigenen Person vertiefen. Die Einsichten, die wir aus solchen Tests gewinnen, können sehr deutlich zutage fördern, was wir aufgeben müssen und was nicht.

Persönlichkeitstests gibt es wahrscheinlich so viele wie unterschiedliche Persönlichkeiten![7] Aber egal, für welchen Test Sie sich entscheiden oder mit welchem Typ Sie sich identifizieren, zwei Faktoren sind besonders wichtig: 1. die Festlegung, ob Sie eher introvertiert oder eher extrovertiert sind und 2. die Erkenntnis, womit Sie – in dem Bemühen, Ihren Selbstwert zu sichern – am ehesten die Liebe Gottes ersetzen.

Sind Sie eher introvertiert oder eher extrovertiert? Hinter diesen Begriffen steht die Frage, woher Sie Ihre Energie beziehen. Bei extrovertierten Menschen ist das die Welt um sie herum, die Begegnung mit anderen; der Introvertierte bezieht Energie aus seiner inneren Welt und aus dem Alleinsein. Ich hatte mich immer als hochgradig extrovertiert gesehen, da ich gerne mit Menschen zu tun habe, gerne neue Menschen kennenlerne und mich in Gruppen pudelwohl fühle. Ich werde jedoch nie das Ergebnis meines ersten Persönlichkeitstests vergessen, bei dem herauskam, dass ich nur mäßig extrovertiert bin und durchaus introvertierte Anteile habe. Das hat mich verblüfft, war aber gleichzeitig auch eine große Erleichterung, denn das erklärte die Erschöpfung und Depressionen, mit denen ich nach Phasen intensiven Zusammenseins mit anderen häufig zu kämpfen hatte. Die Kleinkindjahre unserer Töchter waren so eine Phase, in der ich nie Zeit für mich allein hatte. Ich war überglücklich, dass der Test Herzenswünsche – zum Beispiel Einsamkeit und Stille – zuließ und bestätigte.

Mir wurde klar, dass ich Energie und Kreativität gewinne, wenn Gemeinschaft und Alleinsein in einem ausgeglichenen Verhältnis stehen. Das war der Auslöser dafür, in meinem Leben Zeiten des Alleinseins als festen Bestandteil mit einzubauen, damit meine Seele auftanken konnte.

Woher beziehen Sie Ihren Wert und Ihre Selbstachtung? Dahinter steht die Frage: „Wie und wo wird Ihnen vermittelt, dass Sie liebenswert und angenommen sind, und wo erleben Sie ein Gefühl der

Macht? Zwei Fragen können Sie hier auf die richtige Spur bringen: Was gibt Ihnen Bedeutung und Sinn? Welche Kernängste sind Motivation für Ihr Verhalten? Für mich ist es extrem wichtig, alles richtig zu machen. Das ist an sich nicht schlecht, nur darf es nicht zum Zwang werden oder dazu führen, dass es die Liebe Gottes als Quelle für meinen Wert und meine Selbstachtung verdrängt. Resultat kann ein ungesunder Perfektionismus sein, der dann die Menschen verletzt, die ich liebe.

Woher beziehen Sie Ihren Wert und Ihre Selbstachtung?

Es gibt unzählige wirklich hilfreiche Persönlichkeitstests, aber ich glaube, dass sich für Christen das Enneagramm am besten eignet. Es beschreibt neun Persönlichkeitstypen, die der Einfachheit halber schlicht durchnummeriert werden, und zeigt auf, welcher Typ zu welcher Sünde neigt. Ganz klar wird eine Wurzelsünde bzw. eine Versuchung benannt, die unser Verhalten und unsere Lebensperspektive beeinflusst. So können die Bereiche unserer Persönlichkeit leichter im Zaum gehalten oder aufgegeben werden, die zur Sünde verführen, und unsere von Gott gegebenen Gaben und unsere Einzigartigkeit kommen zur Geltung. Mit diesem Bewusstsein können wir aufhören, unseren Wert und unsere Selbstachtung von Dingen oder Menschen abhängig zu machen, anstatt von Gott – was letztlich auch Sünde ist.[8]

Überlegen Sie, in welchem der neun Persönlichkeitstypen in der linken Spalte der folgenden Tabelle Sie sich am ehesten wiederfinden. Beschäftigen Sie sich dann mit dem in der rechten Spalte genannten „Gegenmittel". Sprechen Sie über Ihre Erkenntnisse mit Gott.

Enneagramm[9]

Die neun Persönlichkeitstypen des Enneagramms	Was wir aufgeben müssen, damit Christus die Quelle für unseren Wert und unsere Selbstachtung wird
Eins. *Der Perfektionist (Das Bedürfnis, richtig zu sein).* Einser werden motiviert von dem Bedürfnis, richtig zu leben, sich und andere zu optimieren und Ärger zu vermeiden. Sie sind sehr diszipliniert, arbeiten hart und verfügen über ein ausgeprägtes Verantwortungsbewusstsein. Sie sind pflicht- und ordnungsbewusst und streben nach einer besseren und gerechten Welt.	Lassen Sie Ihren Perfektionismus sterben. Mit Christus als Basis müssen Sie nicht perfekt sein oder immer alles richtig machen. Sie können sich selbst und anderen vergeben. Sie dürfen sich entspannen und Dinge einfach genießen und ruhig auch um das bitten, was Sie sich wünschen und brauchen. Arbeiten Sie daran, nicht zu streng und verurteilend zu reagieren, wenn andere Ihren Erwartungen nicht entsprechen.
Zwei. *Der Helfer (Das Bedürfnis, gebraucht zu werden).* Zweier werden angespornt durch das Bedürfnis, geliebt und geschätzt zu sein, sowie von dem Bemühen, alles zu tun, um nicht selbst als bedürftig angesehen zu werden. Sie sind großzügig, warmherzig und mitfühlend. Aber sie können schlecht Nein sagen und tun nur wenig für sich selbst, weil sie nicht als egoistisch gelten wollen.	Legen Sie das Bedürfnis ab, andere zu retten. Die Rettung der Welt ist Gottes Angelegenheit, nicht Ihre. Lassen Sie das Bedürfnis sterben, von anderen hören zu müssen, dass Sie okay sind. Legen Sie die Sünde des Stolzes ab, durch den Sie sich unersetzlich fühlen. Achten Sie darauf, dass Sie sich bei allem Einsatz für andere nicht selbst verlieren. Machen Sie sich bewusst, dass Sie in der Versuchung stehen, andere zu manipulieren bzw. zu vereinnahmen. Sie müssen nicht geben, um geliebt zu werden.

Die neun Persönlichkeitstypen des Enneagramms	Was wir aufgeben müssen, damit Christus die Quelle für unseren Wert und unsere Selbstachtung wird
Drei. *Der Macher (Das Bedürfnis nach Erfolg).* Dreier werden motiviert von dem Bedürfnis, produktiv und erfolgreich zu sein und Versagen zu vermeiden. Sie geben gerne, sind verantwortungsbewusst und hoch angesehen. Sie sind kompetent und zielorientiert, arbeiten hart und sind gute Versorger.	Lassen Sie das Bedürfnis sterben, Wert und Sinn Ihres Lebens abhängig zu machen von Erfolg und der Angst vor Versagen. Übernehmen Sie Gottes Rhythmus von Arbeit und Ruhe. Verbringen Sie Zeit mit Familie und Freunden. Machen Sie sich bewusst, dass große Erwartungen leicht in Perfektionismus bzw. liebloses Verhalten umschlagen können. Gottes Liebe gilt Ihnen und deswegen können Sie es riskieren, sich verletzlich und schwach zu zeigen.
Vier. *Der Romantiker (Das Bedürfnis, etwas Besonderes zu sein).* Vierer werden angespornt durch das Bedürfnis, ihre Gefühle genau zu verstehen und enge Beziehungen aufzubauen. Sie haben eine rege Fantasie und sind sehr kreativ. Ständig sind sie auf der Suche nach dem Sinn des Lebens. Sie wollen partout den Eindruck vermeiden, normal zu sein.	Lassen Sie das Bedürfnis sterben, etwas Besonderes zu sein. Behalten Sie Ihre Neigung im Blick, neidisch zu sein oder in Selbsthass, Schamgefühl bzw. Selbstbespiegelung zu verfallen. Setzen Sie auf Ihren Verstand und lassen Sie sich nicht ausschließlich von Ihren Gefühlen leiten. Entspannen Sie sich und genießen Sie den Moment. Sie sind ein einzigartiges, wunderbares und geliebtes Kind Gottes, der Sie vorbehaltlos annimmt.
Fünf. *Der Beobachter (Das Bedürfnis, verstehen zu müssen).* Fünfer werden angetrieben durch ihr Bedürfnis, alles wissen zu wollen, das Universum zu verstehen und dadurch ein Gefühl der Sicherheit zu erlangen. Sie vermeiden Abhängigkeit von anderen und bleiben emotional lieber auf Distanz.	Lassen Sie das Bedürfnis sterben, auf Distanz zu anderen zu bleiben und sich anderen zu entziehen. Halten Sie in einer Gruppe mit Ihrem Wissen auch ruhig einmal hinter dem Berg. Lassen Sie andere spüren, dass sie Ihnen wichtig sind. Die Quelle Ihrer Sicherheit und Ruhe ist Gott, nicht Ihr Wissen. Sie dürfen Fehler machen und müssen nicht immer und überall der Klügste sein.

Die neun Persönlichkeitstypen des Enneagramms	Was wir aufgeben müssen, damit Christus die Quelle für unseren Wert und unsere Selbstachtung wird
Sechs. *Der Skeptische/Loyale (Das Bedürfnis nach Sicherheit/Gewissheit)*. Sechser werden motiviert durch ihr Bedürfnis nach Sicherheit, Ordnung und Gewissheit. Sie mögen es, wenn sie Anerkennung erhalten und umsorgt werden. Sie sind sehr loyal und möchten den Eindruck vermeiden, rebellisch zu sein.	Lassen Sie die Fixierung auf Anerkennung durch andere und die Angst vor Unbekanntem sterben. Gott ist unveränderlich und verlässlich, darauf dürfen Sie vertrauen. Seien Sie nicht zu streng, verurteilend oder abwehrend und geben Sie auch einmal die Kontrolle ab. Arbeiten Sie an einer engen Beziehung mit Jesus und den Menschen in Ihrem Umfeld.
Sieben. *Der Genießer (Das Bedürfnis, das Leben zu genießen)*. Die Motivation der Siebener liegt in dem Bedürfnis, glücklich zu sein und das Leben zu genießen. Sie sind bestrebt, in der Welt einen wichtigen Beitrag zu leisten und strahlen dabei Enthusiasmus, Idealismus, Optimismus und Freude aus. Leid und Schmerz werden vermieden.	Lassen Sie Ihr Bemühen sterben, Leid, Schmerz und Verlust um jeden Preis zu vermeiden. Es gehört zu einem Leben im Glauben dazu, Verluste zu akzeptieren. Lassen Sie sich auf die Erkenntnis ein, dass das Leben sowohl schwer als auch schön ist und dass Freude und Traurigkeit oft eng beieinanderliegen. Denken Sie an die Worte aus Prediger 3,1-4: „Jedes Ereignis, alles auf der Welt hat seine Zeit ... Weinen und Lachen, Klagen und Tanzen." Ihr Wert liegt allein in Christus, nicht in dem Gefühl von Glück.

Die neun Persönlichkeitstypen des Enneagramms	Was wir aufgeben müssen, damit Christus die Quelle für unseren Wert und unsere Selbstachtung wird
Acht. *Der Kämpfer/Beschützer (Das Bedürfnis, dagegen zu sein).* Achter werden motiviert durch ihr Bedürfnis, gegen etwas zu sein und für Wahrheit und Gerechtigkeit zu kämpfen. Sie gehen keinem Konflikt aus dem Weg, sind stark und selbstsicher und wollen die Welt verändern. Anzeichen von Schwäche werden vermieden.	Hören Sie auf, sich nur auf sich selbst zu verlassen und immer nur stark erscheinen zu wollen. Akzeptieren Sie Schwäche und Verletzlichkeit. Stellen Sie sich den zarten, empfindlichen Aspekten Ihrer Persönlichkeit. Bemühen Sie sich darum, auf andere zugänglicher zu wirken. Zuneigung und Liebe sind in Beziehungen wichtiger als demonstrative Überlegenheit.
Neun. *Der Friedensstifter (Das Bedürfnis, zu vermeiden).* Die Motivation für Neuner liegt in ihrem Bedürfnis, den Frieden zu erhalten und Konflikte zu vermeiden. Sie bleiben gern im Hintergrund und wollen nichts Besonderes sein. Sie sind umgänglich und möchten nicht gern Gegenstand der allgemeinen Aufmerksamkeit sein.	Hören Sie auf, um des lieben Friedens willen ständig Zugeständnisse zu machen. Denken Sie daran, dass Christus den falschen Frieden stört, um wahren Frieden zu bringen. Äußern Sie Ihre Meinungen und Gefühle. Sie haben Gaben und Talente bekommen, die Sie auch einsetzen sollen. Jesus ist die Quelle Ihrer Sicherheit und deswegen dürfen Sie mutig und entschieden handeln.

Das Enneagramm entlarvt unsere Wurzelsünden und falschen Einstellungen. Es hilft uns, unsere Gaben zu erkennen, und macht uns aufmerksam auf die Bereiche, in denen wir am ehesten zur Sünde neigen. Es deckt auf, welche Verteidigungsmechanismen wir uns angewöhnt haben. Aber vor allem tut es Folgendes: Es zeigt Aspekte unserer Persönlichkeit auf, die uns von Gott, von anderen und auch von uns selbst trennen.

Mir gefällt am Enneagramm besonders, dass es unser wahres Selbst von dem „falschen Selbst" unterscheidet, das wir aufgebaut haben, um uns selbst zu schützen, und das wir auf andere projizieren. Nehmen Sie sich eine halbe Stunde Zeit und beschäftigen Sie sich noch einmal mit der obigen Tabelle. Welcher Typ passt am besten auf Sie? Treffen Sie sich in der nächsten Woche mit einem Menschen, der Sie sehr gut kennt, und reden Sie mit ihm über Ihre Erkenntnisse. Holen Sie sich ein Feedback. Stellen Sie keine wilden Vermutungen darüber an, wer welcher Typ sein könnte, das kann nur jeder für sich entscheiden. Ein Buch, Internetrecherche oder auch die Teilnahme an einem entsprechenden Seminar können ein nächster Schritt sein, wenn Sie sich näher mit diesem Modell beschäftigen wollen.

Wenn wir aufhören, die falsche Art von Selbstverleugnung zu betreiben und nach den falschen Prioritäten zu leben, und uns stattdessen aufmachen, um unser Herz, unsere Geschichte und unsere Persönlichkeit besser zu verstehen, werden wir unser wahres Selbst in Christus finden. Zu diesem Prozess gehört es auch, dass wir die ganze Bandbreite menschlicher Emotionen bejahen – auch die „unerwünschten" und als negativ angesehenen. Sie gehören zum Menschsein dazu. Und ignorierte oder verdrängte Emotionen lösen sich nicht in Luft auf, sondern übernehmen zunehmend die Kontrolle über den, der sich ihnen nicht offen stellen will.

4
Schluss mit der Verdrängung von Wut, Traurigkeit und Angst

Es war der 4. Juli, der Nationalfeiertag, der in diesem Jahr auf ein sommerlich heißes Wochenende fiel. Die New Life Fellowship Church steckte noch in den Anfängen.

„Geri, es ist total wichtig, dass wir das gute Wetter nutzen. Es werden jede Menge Leute im Park sein", begann Pete. Ich wusste schon, was nun kam. „Ich werde also mit einer Gruppe von New Life hingehen, von Jesus erzählen und in die Gemeinde einladen", fuhr er aufgeregt fort, so als ob ich gar nicht da wäre.

„Ich könnte doch Maria und Christy mitnehmen und wir gehen zusammen", erwiderte ich, bereits ziemlich deprimiert, aber kaum hatte ich den Satz ausgesprochen, war sonnenklar, dass das nicht funktionieren würde. Unsere Töchter waren ein und zwei Jahre alt und hielten zu unterschiedlichen Zeiten Mittagsschlaf. Ich steckte in einem Dilemma: Ob ich in den Park ging oder mit den Kindern zu Hause blieb – wieder einmal würde ich es sein, die unter der Situation zu leiden hatte.

Pete reagierte nicht auf meinen Vorschlag, also antwortete ich für ihn: „Nein, das klappt nicht. Wir bleiben einfach zu Hause und machen es uns hier nett. Geh ruhig."

„Super", erwiderte er. Für Pete war das ein ganz normaler Arbeitstag.

Für mich allerdings war der 4. Juli immer ein besonderer Tag gewesen, an dem man etwas mit der Familie unternahm, Freunde traf oder sich zum Grillen verabredete. Das war ein Feiertag, kein normaler Arbeitstag. Pete musste eigentlich nicht arbeiten, aber er wollte es. Also gab ich nach.

Ich blieb in unserer Wohnung, die noch nicht einmal einen Balkon hatte. Während meine Töchter schliefen, saß ich zu Hause fest.

„Nun sitze ich hier also mit zwei kleinen Kindern, und alle anderen machen sich einen schönen Tag", jammerte ich vor mich hin.

Mit dem Duft der Grillpartys aus der Nachbarschaft, der in meine Nase stieg, stieg auch die Traurigkeit. Ich dachte an meine Familie, die den Tag am Strand verbringen und bei einem guten Essen ausklingen lassen würde, während ich in der Wohnung festsaß.

Ich rief zu Hause an: „Hi, Dad! Wie sind die Wellen heute?", fragte ich.

„Das Wasser ist herrlich und die Wellen sind toll. Alle sind noch am Strand, momentan bin ich allein im Haus. Schade, dass ihr nicht auch hier seid." Ich kämpfte mit den Tränen.

„Was ist los?", fragte er.

Ich versuchte, die Traurigkeit abzuschütteln und den Schmerz zu ignorieren. Ich unterdrückte meinen Ärger.

„Ich bin mit den Mädchen zu Hause. Für Pete ist heute ganz normaler Arbeitstag. Er verteilt im Park Flyer von der Gemeinde."

Ärger und Traurigkeit, so dachte ich, waren Emotionen, die für einen Christen – und besonders für eine gute Pastorenfrau – völlig unakzeptabel sind.

Als Pete zurückkam, fragte ich zwar, wie es gelaufen war, aber eigentlich interessierte es mich nicht. Ich verbarg meine wahren Gefühle, nicht nur vor ihm, sondern vor allem vor mir selbst. Alles lief weiter, als sei nichts geschehen

Verbotene Emotionen schaffen verbogene Menschen

Dieser 4. Juli war nur einer von vielen Tagen, an denen ich einen sehr menschlichen Teil von mir verleugnete – meine wahren Gefühle. Für mich waren solche Gefühle schlecht und wenn ich sie zuließ, dann war ich es ebenfalls.

Ohne überhaupt zu merken, was ich tat, redete ich sie mir aus: „Lass sie nicht zu. Sie sind ja eigentlich gar nicht echt. Wenn du sie ignorierst, werden sie verschwinden."

Begeisterung oder Freude offen zu zeigen, war für mich noch nie ein Problem, aber mit schwierigen Emotionen wie Wut, Traurigkeit oder Angst war das etwas anderes. Tauchten solche Gefühle auf, hatte ich sofort ein schlechtes Gewissen und schämte mich. Wie wir auf bestimmte Emotionen reagieren, richtet sich immer danach, wie damit in unserer Herkunftsfamilie umgegangen wurde. Wenn Eltern oder Bezugspersonen Gedanken und Gefühle immer im Zaum hielten, werden auch die Kinder nur über eine eingeschränkte Bandbreite an akzeptablen Wünschen und Emotionen verfügen.

Wie wir auf bestimmte Emotionen reagieren und mit ihnen umgehen, das erlernen wir in unserer Herkunftsfamilie.

Kinder, die gewisse Gefühle nicht ausdrücken dürfen, kommen irgendwann zu dem Schluss: „Dann brauche ich sie ja auch gar nicht erst zuzulassen." Ungeschriebene Gesetze wie „ein gutes Mädchen hat in der Gemeinde immer ein Lächeln auf den Lippen" oder „wenn du liebst, bist du nie sauer oder depressiv" schaffen reale Barrieren, die in Beziehungen Authentizität und Spontaneität ersticken.

Leider herrscht in vielen Gemeinden eine Beziehungs-„Kultur", die diesen ungesunden Ansatz, in dem der Umgang mit schwierigen Gefühlen unklar und undifferenziert bleibt, noch fördert. Für die meisten Christen, mit denen ich spreche, ist bereits der Versuch, der Ursache solcher Gefühle auf die Spur zu kommen, ungeistlich.

In den ersten Jahren, nachdem ich zum Glauben gekommen war, waren die Predigten und Bibelarbeiten, die ich hörte, beherrscht von Themen wie Freude am Glauben, Überwinden von Hindernissen und siegreichem Leben in Christus. Über Wut und Trauer sprach man nur, wenn man über Menschen urteilte, die mit diesen Gefühlen „kämpften", um sie im gleichen Atemzug der Fürbitte zu empfehlen. Ich lernte, dass ich mich freuen musste, auch wenn ich traurig oder wütend war. Und auf keinen Fall durfte ich über meine Ängste sprechen, denn die Bibel sagt an vielen Stellen, dass wir keine Angst haben sollen. Solche Gefühle waren gleichbedeutend mit Sünde. Wir stellten uns vor oder hofften zumindest, dass sie sich irgendwie in Luft auflösen würden, wenn wir sie unterdrückten und ignorierten.

Mich hätte diese oberflächliche und begrenzte Sicht dessen, was die Bibel eigentlich unter Menschsein versteht, fast zerstört. Zumindest hat sie mein geistliches Wachstum und meine Fähigkeit, anderen wirklich liebevoll zu begegnen, dramatisch behindert.

Außerdem untergräbt ein solches Verständnis jede Möglichkeit, eine authentische christliche Gemeinschaft zu schaffen. Wir errichten Mauern um uns und verhindern so einen offenen und ehrlichen Blick aufeinander. Wir wollen uns nicht verletzlich machen und lügen, wenn uns jemand fragt, wie es uns geht. Anstatt zu einem „Leben in Fülle" einzuladen, schaffen wir unbewusst eine religiöse Subkultur, die einengt und Menschen daran hindert, das von Gott gegebene Leben voll auszuschöpfen. Damit strafen wir Jesus selbst Lügen, der gesagt hat, dass ihn die Welt an unserer Liebe füreinander erkennen wird (Johannes 13,34.35). Wie kann die Welt uns kennen, wenn wir nicht einmal uns selbst oder andere richtig kennen?

Emotionales Analphabetentum

Anna ist verheiratet, hat zwei Söhne im Alter von vierzehn und zwölf Jahren, arbeitet halbtags und leitet außerdem in ihrer Gemeinde eine Mutter-Kind-Gruppe. Sie nimmt ihren Glauben ernst, daher ist ihr geistliches Wachstum wichtig. Ihr Mann Martin ist Bauingenieur, intelligent und stolz auf seine Fähigkeit, seinen Verstand benutzen zu können.

In ihrer Ehe ist Anna einsam. Sie fühlt sich zunehmend unglücklich, traut sich aber nicht, dieses Gefühl vor sich selbst zuzugeben – geschweige denn vor ihrem Mann. Martin hat rein rationale Erklärungen für ihre Distanz und negative Einstellung ihm gegenüber. Seine „Lösung" der Situation sieht so aus, dass er sich in die Arbeit vertieft und in seiner Freizeit die Fußballmannschaft seiner Söhne trainiert.

Nach außen hin sind Martin und Anna die perfekte christliche Familie. Hinter verschlossenen Türen allerdings ist die Lage völlig verfahren und bewegt sich auf den Höhepunkt des Kalten Krieges zu.

Beide sind emotionale Analphabeten. Das ist nicht ungewöhnlich, wenn man schon früh gelernt hat, sich bestimmte Gefühle vom Leib zu halten, besonders jene, die mit Verletzlichkeit, Unzulänglichkeit und Schwäche zu tun haben.

Anna investiert viel Energie und Mühe, um vor Nachbarn, Freunden und Familie das Bild einer Frau aufrechtzuerhalten, die alles im Griff hat. Schließlich ist sie ja Christin, da passt Schwäche nicht ins Bild! Aber Wut und Traurigkeit äußern sich bei ihr in Sarkasmus, einer leichten Depression und ständiger Nörgelei.

Die Gemeindearbeit und ihre Kinder sorgen für ausreichend Beschäftigung. Und solange zu Hause alles läuft, sieht auch Martin keinen Grund, die unterschwellig vorhandenen Spannungen anzusprechen.

Statt zu einem „Leben in der Fülle" einzuladen, schaffen wir unbewusst eine religiöse Subkultur, die Menschen daran hindert, das von Gott gegebene Leben voll auszuschöpfen.

Wie können Anna und Martin es schaffen, die Fassade niederzureißen und sich dem zu stellen, was wirklich vor sich geht? Wodurch können sie ihre Angst besiegen? Und wie können sie den Mut aufbringen, die Situation offen und ehrlich anzusprechen und konkrete Schritte zu ihrer Lösung zu unternehmen?

Auf diese Fragen gibt es viele Antworten, aber eines steht fest: Anna wird aufhören müssen, sich etwas vorzumachen. Sie wird sich endlich eingestehen müssen, dass sie wütend, traurig und verletzt ist. Diese Ehrlichkeit wird für die Zukunft ihrer Ehe und Familie entscheidend sein.

Wie könnte dieser Blick hinter die Fassade aussehen – für Anna – oder auch für Sie? Was wäre, wenn Sie sich Ihrer Wut, Trauer und Angst tatsächlich stellten? Welche Auswirkungen auf Ihre Beziehung zu Christus und zu den Menschen in Ihrem Umfeld könnte das haben?

Eines wird dieser genauen Überprüfung sicherlich nicht standhalten: eine unechte Spiritualität. Dafür rückt aber eine tiefere, starke Beziehung zu Christus, zu uns selbst und zu anderen in den Bereich des Möglichen. Ohne mutige Schritte im Glauben wird das allerdings nicht gehen. Wir müssen uns der ganzen Bandbreite unserer Emotionen stellen, auch denen, die schwierig und manchmal sogar verboten sind: Wut, Traurigkeit und Angst.

Wut

Das Gefühl der Wut hat mich die meiste Zeit meines Lebens verwirrt. Als Kind habe ich ungeniert anderen die Schuld zugeschoben, habe mich beschwert und dann zurückgezogen. Als erwachsene Frau und Christin habe ich dann aber Wut unterdrückt, denn meiner Überzeugung nach war sie falsch. Und doch war ich ...

- wütend auf Pete.
- wütend auf bestimmte Gemeindemitglieder.
- wütend auf meine Nachbarn.
- wütend auf die schwierigen Umstände.
- wütend auf meine Kinder.
- wütend auf die Armut und Not, der wir begegneten.
- wütend auf Gott, der mir so ein schweres Leben zumutete.
- wütend auf mich selbst.
- wütend auf New York – die Knöllchen, den Verkehr, die Straßenreinigung, die mich jeden Samstag frühmorgens aus dem Schlaf riss, das Bauamt, das rücksichtslos unser Viertel ruinierte, indem anstelle von Einfamilienhäusern große Wohnblocks entstanden.

Über Jahre hinweg mühten Pete und ich uns ab – ohne Erfolg. Unsere Ehe war unbefriedigend und auch spirituell steckten wir in einer Sackgasse. Die Art von Christentum, die uns bis dahin geprägt hatte, funktionierte nicht mehr. Verwirrt, verzweifelt und voller Angst, was werden sollte, schütteten wir schließlich einem Seelsorger unser Herz aus.

Nach zwei Stunden sah dieser Mann mich an und sagte ganz ruhig: „Geri, in dir steckt eine ganze Menge Wut."

Ich konnte kaum glauben, was ich da hörte, und Pete ging es ebenso.

„Geri? Wohl kaum", verteidigte Pete mich nervös.

„Also wirklich", brachte ich schließlich heraus, „das sehe ich aber anders."

Meine Wut war mir so wenig bewusst, dass es noch zwei Jahre dauerte, bis ich überhaupt anfing zu verstehen, was mein Berater gemeint hatte. Ich gestand mir meine Wut nicht ein und deshalb glaubte ich auch nicht, dass ich wütend war. Mein Begleiter erkannte die Wut umgehend an meinen nonverbalen Äußerungen – Stimmlage, Sarkasmus und Körpersprache.

Wie viele andere Christen auch, glaubte ich, Wut sei verboten. Das führte zu einem Gefühl der Ohnmacht und so musste ich andere Kanäle finden, über die meine Wut sich entladen konnte. Ich beschwerte mich. Ich machte Vorwürfe. Ich kritisierte. Ich verteidigte mich. Und schuf dadurch die Illusion, die Dinge im Griff zu haben.

Die Art von Christentum, die uns bis dahin geprägt hatte, funktionierte nicht mehr.

Wie gehen Sie mit Ihrer Wut um? Wie wurde Wut in Ihrer Herkunftsfamilie ausgedrückt? Mit welchen Worten würden Sie das beschreiben? Was passierte, wenn Ihre Eltern wütend wurden? Wie haben Sie Ihrer Wut gegenüber Geschwistern oder Eltern Luft gemacht? Welche Entscheidungen für Ihren persönlichen Umgang mit Wut hat das nach sich gezogen? Hat es körperliche Auswirkungen, wenn Sie mit wütenden Menschen zusammentreffen? Wie drücken Sie heute – als Erwachsener – Wut aus?

Ich wusste nicht, dass man Wut auch auf gesunde Weise einsetzen kann, um sich selbst zu behaupten, und sogar im Interesse anderer. Und mir war auch nicht bewusst, dass ich Gott gegenüber dafür verantwortlich bin, dass ich angemessen mit meiner Wut umgehe. Als ich endlich die Lüge aufgab, dass gute Christen niemals wütend werden, eröffnete sich mir eine ganz neue Welt, die mein Leben veränderte.

Ein Tipp für alle, die eigene Wut nur schwer erkennen: Achten Sie auf Ihren Körper. Bevor das Gehirn so weit ist, zeigen sich hier häufig erste Anzeichen. Vielleicht beschleunigt sich Ihr Herzschlag, Ihr Puls geht nach oben, Nacken, Magen, Schultern oder Rücken sind angespannt. Vielleicht haben Sie auch keinen Appetit mehr, sind reizbar, leiden an Kopfschmerzen oder Schlaflosigkeit.

Wut ist für jeden Christen ein entscheidendes und zentrales Thema des Glaubenslebens. Sie ist ein Signal, das Gott eventuell benutzen möchte, um uns etwas zu sagen, und sie ist die Warnlampe am

Armaturenbrett des Lebens, die uns auffordert, innezuhalten und den Motor einer Inspektion zu unterziehen. Häufig bringt Wut aber auch Positives hervor, auch wenn Sie das vielleicht kaum glauben mögen. Über die Wut kann Gott uns helfen zu entdecken, was wir wirklich wollen. Er lenkt unsere Aufmerksamkeit auf tiefer gelegene Emotionen, hilft uns, uns gegen unangemessene Erwartungen zu wehren, und manchmal legt er durch die Wut auch den Finger auf eine bestimmte Sünde.

Wut kann zur Klärung beitragen

Die Wut über unseren hektischen Lebensstil war für mich letztlich der Anstoß, mir endlich Gedanken darüber zu machen, wie ich mir meine Ehe, meine Familie und die Gemeindearbeit vorstellte – und wie nicht.

Wut hilft uns zu erkennen, wo persönliche Grenzen überschritten werden. Die wichtige Frage dahinter lautet: „Welcher Wert, der mir wichtig ist, wird hier missachtet?" Wenn unsere Tochter eine Aussage ihrer Schwester mit den Worten kommentiert: „Das ist doch blöd", wird mein Wert missachtet, dass wir in der Familie respektvoll miteinander umgehen. Wenn Pete zu viel arbeitet und damit emotional nicht verfügbar ist, wird meine Vorstellung einer gesunden Partnerschaft mit Füßen getreten, in die man gern Zeit und Energie investiert. Wenn man respektlos mit uns umgeht, wenn wir in einer Beziehung zu viele Zugeständnisse machen müssen, wenn man mehr von uns verlangt, als wir geben wollen, oder wenn wir zu Dingen Ja sagen, zu denen wir lieber Nein sagen würden – in all diesen Situationen werden unsere Werte oder Überzeugungen missachtet und verletzt. Dann ist es an der Zeit, einmal in aller Ruhe nachzudenken.

Wut kann ein Hinweis auf tiefere Emotionen sein

Man sagt, Wut sei ein „Sekundärgefühl". Häufig geht sie einher mit Empfindungen wie Schmerz, Trauer, Angst, Enttäuschung und Scham. Will man also Wut richtig verarbeiten, muss man sich sehr genau mit diesen tieferen, heikleren Emotionen auseinandersetzen.

Wenn Sie wütend sind, sollten Sie sich folgende Fragen stellen: „Wovor habe ich Angst? Bin ich verletzt? Traurig? Enttäuscht? Was steckt tatsächlich hinter der Wut?"

Ich werde wütend, wenn mich jemand kritisiert. Instinktiv gehe ich in die Defensive. Bei genauerer Betrachtung der Wut merke ich aber, dass dahinter die Angst vor Unzulänglichkeit steckt. Ich fürchte, nicht gut genug zu sein.

Vor Kurzem war Pete wütend, als er erfuhr, dass sein Neffe geheiratet hatte, ohne dass Petes Bruder ihm Bescheid gesagt hatte. Im Grunde war er aber traurig darüber, dass mit seiner Familie so wenig Kontakt bestand, und diese Traurigkeit war das eigentliche Gefühl hinter der Wut.

> *Wenn Sie wütend sind, fragen Sie sich: Wovor habe ich Angst? Bin ich verletzt?*

Die meisten Menschen denken, sie seien weniger verletzlich, wenn sie ihre Wut zum Ausdruck bringen, als wenn sie Angst oder Verletztsein eingestehen. Ich kann mich darüber ärgern, dass eine Freundin meinen Geburtstag vergessen hat, aber eigentlich bin ich eher verletzt als wütend. Ich kann mich darüber aufregen, dass meine Gemeinde nicht genug für Singles über dreißig anbietet, nur um zu entdecken, dass hinter meiner Wut die Angst vor dem Alleinsein steht.

Wut kann auf unerfüllte Erwartungen hinweisen

Wenn Sie das nächste Mal wütend werden, fragen Sie sich auch: „Was hatte ich erwartet?"

Unerfüllte und unklare Erwartungen in Beziehungen, ob in der Familie, am Arbeitsplatz, in der Schule, in Freundschaften, Partnerschaften oder auch in der Gemeinde, sind häufig Auslöser für Wut.

Wir erwarten von anderen, dass sie wissen, was wir wollen, bevor wir es selbst wissen oder es ausgesprochen haben. Wie fühlen Sie sich, wenn jemand aufgrund unerfüllter Erwartungen wütend auf Sie ist, diese Erwartungen aber gar nicht ausgesprochen wurden? Der andere ist einfach davon ausgegangen, dass Sie sie kennen. Das Problem ist: Häufig sind unsere Erwartungen

- uns nicht bewusst (wir wissen gar nicht, dass wir sie haben),
- unrealistisch (wir geben uns einer Illusion hin),
- unausgesprochen (wir behalten sie für uns) oder
- nicht abgestimmt (der/die andere hat nie Ja dazu gesagt).

Vielleicht sind Sie wütend darüber, dass Ihr Hauskreis sich außerhalb der Gruppentreffen nie privat trifft. Sie hatten eine Erwartung, über die Sie aber nicht mit den anderen gesprochen haben. Vielleicht sind Sie wütend darüber, dass Ihr Mann Sie nicht täglich von der Arbeit aus anruft. Diesen Wunsch müsste er doch „erspüren". Offen ausgesprochen haben Sie ihn aber nie. Ich war eine Zeit lang wütend auf unsere Töchter, weil sie nach der Schule ihre Schuhe auszogen und sie im Flur liegen ließen. Ich ging fälschlicherweise davon aus, dass sie doch eigentlich wissen müssten, dass Schuhe in den Schuhschrank gehören. Gesagt habe ich ihnen das nicht, ich habe gleich losgeschimpft.

Wenn Sie verstehen, dass viele Erwartungen unerfüllt bleiben werden, weil sie weder ausgesprochen noch abgestimmt wurden, werden Sie feststellen, dass Sie viel seltener wütend werden.

Wut kann Sünde sein

Hinter Wut kann Kleinlichkeit stehen, Arroganz, Hass, Neid oder der Wunsch, einen anderen zu verletzen. Achten Sie mal darauf, ob Ihre Bemerkungen sarkastisch oder schnippisch sind oder ob Sie jemandem aus dem Weg gehen. Vielleicht sind Sie neidisch auf die Beförderung eines Arbeitskollegen. Ursache Ihrer Wut kann Angst oder Projektion sein. Die Wut wird zur Sünde, wenn Sie sie an jemandem auslassen, der damit überhaupt nichts zu tun hat.

Gerade weil Wut so eine komplexe Emotion ist, stelle ich mir – bevor ich aus der Wut heraus reagiere – folgende Fragen, die sich als sehr hilfreich erwiesen haben: Steht dahinter eine Schuld, für die ich die Verantwortung übernehmen muss? Ist meine Wut gerechtfertigt oder entspringt sie einer meiner dunklen Seiten? Habe ich jemanden mit meiner Wut verletzt, den ich dafür um Vergebung bitten muss?

Aristoteles hat einmal ganz richtig gesagt: „Wütend werden kann jeder, das ist einfach. Aber wütend sein auf den Richtigen, im richtigen Maß, zur richtigen Zeit, zum richtigen Zweck und auf die richtige Art, das ist schwer."[1]

Wut anzunehmen, um sie dann angemessen zu verarbeiten, zeugt von spiritueller und emotionaler Reife.

Wütend zu sein, ohne dafür Verantwortung zu übernehmen, ist leicht. Wut anzunehmen, um sie dann angemessen zu verarbeiten und sie nicht auf andere zu projizieren, zeugt von großer spiritueller und emotionaler Reife. Wir werden uns noch mit Traurigkeit und Angst beschäftigen und am Ende dieses Kapitels werden Sie drei einfach umzusetzende Tipps finden, mit denen Emotionen so verarbeitet werden können, dass sie uns Gott und seinem Willen nicht entfremden.

Traurigkeit

Wenn man Emotionen als von Gott gesandte Lehrer betrachtet, dann mögen die Gefühle, die mit Traurigkeit zu tun haben – Einsamkeit, Schmerz, Entmutigung, Depression, Schwermütigkeit – die besten Lehrer sein. Sie haben mir verborgene Wahrheiten über mich und Gott eröffnet und dazu geführt, dass ich diesen Bereich meiner emotionalen Welt nun viel eifriger und aufmerksamer studiere.

Mein Verhältnis zur Traurigkeit war genauso menschenverachtend und unbiblisch wie mein Verhältnis zur Wut. Immer wenn ich einen Anflug von Traurigkeit verspürte, habe ich ihn umgehend weggeschoben und weitergemacht, als sei nichts gewesen. Das war menschenverachtend, weil ich damit den Schmerz verleugnete, den es in einer von der Sünde regierten Welt nun einmal gibt. Ich wollte nur die glücklichen Bereiche meines Lebens wirklich fühlen und beraubte mich so der anderen Hälfte meines Menschseins. Und ich konnte mich natürlich auch nicht mit der allgemeinen Zerrissenheit identifizieren, die allen Menschen auf der Welt so zu schaffen macht.

Es gab viel, worüber ich traurig sein konnte, und genau das war das Problem. Da war unter anderem meine Ehe, in der ich in den ersten acht Jahren den Elternpart praktisch allein übernahm; diese Jahre waren für immer verloren. Unsere Kinder waren in einer Umgebung aufgewachsen, in der schon eine Fahrt mit dem Fahrrad gefährlich war. Ihre Schule lag sehr weit weg von zu Hause, dadurch hatten sie in der unmittelbaren Nachbarschaft auch keine Freunde. In den dreiundzwanzig Jahren, die Pete und ich New Life Fellowship leiteten, haben viele Menschen die Gemeinde wieder verlassen oder sind weggezogen. Alles veränderte sich: Menschen, wir, Beziehungen.

Ich hatte eine unausgesprochene Regel verinnerlicht: „Traurig sein bedeutet schwach sein. Und schwach sein ist schlecht." Ich liebte Bibelverse wie: „Die Freude am Herrn gibt euch Kraft" und „Alles kann ich durch Christus, der mir Kraft und Stärke gibt" (Nehemia 8,10; Philipper 4,13). Für mich sagten sie aus: „Du hast dann genug Glauben, wenn du immer glücklich bist, unabhängig von den Umständen."

Als ich nach fünf Jahren Ehe schließlich in einer Depression gelandet war, es kaum noch schaffte, aufzustehen, um unsere zwei kleinen Kinder zu versorgen, war ich fassungslos. Ich versuchte, durch reine Willenskraft aus der Traurigkeit herauszufinden, aber ich schaffte es nicht.

„Ein Beinbruch wäre leichter zu behandeln als das hier – was auch immer es sein mag", jammerte ich.

Ich war völlig erschöpft und mutlos, aber ich konnte mir nicht aus eigener Kraft helfen. Pete betete. Leitende Gemeindemitarbeiter beteten. Die Depression blieb.

Sie war die Aufforderung, mich meinem inneren Schmerz zu stellen, aber wieder siegte meine falsche Theologie. Mit sehr viel Mühe schaffte ich es heraus aus dem Loch und führte mein rastloses Leben weiter, ohne mich mit meinem wahren emotionalen Zustand auseinanderzusetzen.

Als die Depression im folgenden Jahr wiederkam, schüttelte ich sie einfach wieder ab. „Das liegt bei uns in der Familie", redete ich mir ein. „Mit diesem Stachel im Fleisch werde ich wohl einfach leben müssen." Ich sah diese nicht enden wollende Traurigkeit als Behinderung, die mich davon abhielt, die starke Christin zu sein, als die Gott mich haben wollte. Ich hasste die Schwäche, der ich doch nicht entkommen konnte.

> *Meine Depression war die Aufforderung, mich meinem inneren Schmerz zu stellen, aber wieder siegte meine falsche Theologie.*

Gott und unsere Verluste

In der Regel betrachten wir Verluste als Fremdkörper, die in unser „normales" Leben eindringen, um es durcheinanderzubringen. Aber Verluste gehören zum Leben. Geliebte Menschen sterben. Beziehungen zerbrechen. Türen schließen sich. Träume zerbrechen. Wir ziehen um. Wir müssen uns verabschieden von einer Gemeinde oder einer guten Nachbarschaft. Missbrauch raubt uns unsere Unschuld. Ein Ziel ist erreicht und wir müssen den Prozess hinter uns lassen, der uns an dieses Ziel gebracht hat. Wir werden alt und gebrechlich. Unsere Kinder werden erwachsen. Im Laufe unseres Lebens werden wir alles und jeden zurücklassen.

Es fällt uns schwer, unsere Traurigkeit oder Enttäuschung in Worte zu fassen. Also versuchen wir uns abzulenken, um so den Schmerz zu vertreiben. Wir gehen shoppen, arbeiten viel, sehen fern, stopfen uns mit Essen, Drogen oder Alkohol voll, geben uns bestimmten Fantasien hin, verbringen Stunden im Internet.

In vielen Gemeinden lautet die unausgesprochene Regel: „Wenn du deprimiert oder traurig bist, stimmt etwas mit deinem Glauben nicht." Also tut jeder so, als sei alles in Ordnung. Die weniger subtile Botschaft dahinter lautet, dass ein guter Christ einfach nicht verletzt, verwirrt oder entmutigt zu sein hat.

Die Bibel allerdings spricht eindeutig davon, dass Menschen Traurigkeit, ja Trauer erleben und diesen Gefühlen auch Ausdruck verleihen. Jesus selbst war ein „Mann der Schmerzen", dem Traurigkeit nicht fremd war (Jesaja 53,3). Er schrie unter Tränen zu Gott (Hebräer 5,7). Vor seiner Kreuzigung kämpfte er im Garten Gethsemane gegen den Willen Gottes an. In Lukas 22,44 lesen wir: „Jesus litt Todesängste und betete so eindringlich, dass sein Schweiß wie Blut auf die Erde tropfte." Jesus, unser Messias und Gott, hat seine Traurigkeit und Angst nicht geleugnet oder verdrängt.

In vielen Gemeinden lautet die unausgesprochene Regel: „Wenn du deprimiert oder traurig bist, stimmt etwas mit deinem Glauben nicht."

David ist bekannt als „Mann nach Gottes Herzen". Trotzdem sind zwei Drittel seiner Psalmen Klagen oder Beschwerden. Josef, der von Gott so reich gesegnet worden war, schämt sich nicht, vor seinen Brüdern in lautes Weinen auszubrechen. Jeremia beschwert sich mindestens sechs Mal bei Gott über seine Lebensumstände. In den Klageliedern beschreibt er Gott ausführlich seinen Schmerz über die Zerstörung Jerusalems.

Die Bibel gibt uns nicht nur die Erlaubnis, unserer Traurigkeit Ausdruck zu verleihen; sie tut noch viel mehr, denn sie betrachtet den Schmerz über Verluste als wesentlich für das geistliche Wachstum. Auf dem Webstuhl, der unseren spirituellen Lebensteppich webt, sind Trauer und Verlust wichtige Kettfäden. Wir dürfen trauern, wenn unsere Eltern nicht für uns da waren, wenn Beziehungen zerbrechen oder die Schulbildung nicht ausreicht, um einen guten Job zu finden. Wir dürfen trauern über Scheidungen, Todesfälle, Behinderungen, schwierige Kinder, chronische Krankheiten und ungewollte Kinderlosigkeit. Traurigkeit zu verleugnen ist so, als verleugne man einen Arm oder ein Bein; man amputiert einen wesentlichen und notwendigen Teil des eigenen Selbst.

Ich habe Traurigkeit immer gefürchtet wie eine ansteckende Krankheit. Aber jetzt gestehe ich mir dieses Gefühl zu – und damit hat auch die Angst davor keine Macht mehr über mich. Ich betrachte Traurigkeit nicht länger als schlecht oder etwas, was unbedingt vermieden werden muss; sie ist einfach ein Teil meines Lebens.

Und weil ich das so sehen kann, kann ich auch sehr viel besser mitfühlen mit der Traurigkeit anderer. Das ist eines der größten Geschenke, die ich zu geben habe, davon bin ich fest überzeugt. Denn wie kann ich anderen in ihrem Schmerz begegnen, wenn ich mich meinem eigenen nie stelle? Wie kann ich anderen den Trost durch Jesus anbieten, wenn ich ihn nicht selbst erlebt habe?

Es spielt keine Rolle, wie oft Sie in Ihrer Bibel lesen, Gutes tun, zum Gottesdienst gehen, sich für andere einsetzen oder wie gut Sie Gott kennen. Wenn Sie nicht ehrlich mit Ihren Gefühlen umgehen, wird das Ihr geistliches Wachstum behindern und Ihren Beziehungen bestimmte Grenzen setzen.

Wenn wir unsere Emotionen in ihrer ganzen Bandbreite akzeptieren, schützen wir uns vor unnötigen inneren Konflikten zwischen dem, was wir fühlen, und den Stimmen, die uns das auszureden versuchen. Dieses Akzeptieren all unserer Emotionen ist der erste Schritt auf dem Weg, durch den wir zum Frieden mit uns selbst finden.

Sie dürfen traurig sein über Enttäuschungen, über Dinge oder Personen, die Ihnen wichtig waren und die Sie verloren haben. Unterbrechen Sie das Lesen jetzt einen Moment. „Sei stille dem Herrn" (Psalm 37,7; Luther). Denken Sie über folgende Fragen nach und lassen Sie dabei alle Gedanken und Gefühle zu, die an die Oberfläche drängen: Worüber bin ich traurig? Welche Verluste aus dem letzten Jahr beschäftigen mich noch? Welche Rückschläge oder Enttäuschungen sind noch nicht verarbeitet? Was will Gott mir durch diese Dinge sagen? Gehen Sie jeden einzelnen Punkt mit Gott durch.

Angst

„Pete, du hast ja immer noch nicht abgewaschen!", sagte ich schnippisch, als ich nach Hause kam.

Pete reagierte freundlich: „Geri, hast du bemerkt, in welchem Tonfall du das gerade gesagt hast?"

Er hatte recht. Ich war sofort still.

Pete hatte begonnen, mich auf meine scharfen und abfälligen Bemerkungen aufmerksam zu machen. Dadurch war ich gezwungen zuzugeben, wie viel Angst ich davor hatte, Fehler einzugestehen und mich verletzlich zu machen. Der Heilige Geist sagte zur mir: „Geri, mit diesem Tonfall wertest du Pete ab. Er ist nach meinem Bild gemacht und es ist absolut respektlos, wenn du mit einem anderen Menschen so abfällig sprichst."

Eigene Traurigkeit zuzulassen ist eines der größten Geschenke, das wir anderen geben können.

Ich hatte Angst davor, meine Fehler zuzugeben. Ich liebe es gar nicht, wenn ich bloßgestellt werde und deutlich wird, wie ich tief im Innern wirklich bin. Der Gedanke, andere könnten mich als nicht perfekt ansehen, passte nicht zu dem Bild der guten und liebevollen Glaubensheldin, das ich pflegte. Panik stieg in mir auf bei der Vorstellung, andere könnten sehen, wie lieblos und absichtlich verletzend ich sein konnte.

Aber Pete konfrontierte mich damit und das war ein echtes Geschenk. Ich fing an, meine Ängste zuzugeben. Dabei fühlte ich mich schwach und ausgeliefert. Aber in meinem Inneren hörte ich Gott sagen: „Du bist geliebt, Geri. Ruhe einfach in meiner Liebe." Durch Jesus Christus ist eine gute Nachricht in die Welt gekommen. Sie lautet: Er liebt uns ohne Vorbehalte. Wir müssen nichts beweisen.

Erstaunlicherweise hatte mein Eingeständnis nicht meinen „Tod" zur Folge. Mein Leben ging nicht zu Bruch. Stattdessen spürte ich eine unglaubliche Erleichterung, ja, ich erlebte eine ganz neue Freiheit und Kraft. Eine schwere Kette war von mir abgefallen, die ich schon mein ganzes Leben lang mit mir herumgeschleppt hatte.

Den Wurzeln unserer Angst nachzuspüren ist eine wichtige spirituelle Arbeit. So kommt die Angst an die Oberfläche, nichts wert zu sein, nicht liebenswert zu sein. Das ist entscheidend, denn dann kann ein Veränderungsprozess stattfinden, an dessen Ende Gott uns mit einer neuen Liebe und einer ganz neuen Freiheit beschenkt.

Sich der Angst stellen

Die vielleicht häufigste Aufforderung in der Bibel lautet: „Fürchte dich nicht." Wäre es dann also nicht folgerichtig, Angst zu unterdrücken? Ist Angst dann nicht etwas, was wir verdrängen und ignorieren sollen? Die Antwort lautet: ja und nein.

Die Bibel sagt nicht, dass wir Angst nicht empfinden dürfen. Im Gegenteil: Sie fordert uns auf, unser Herz zu erforschen und den Ursachen von Angst und Sorge genau nachzuspüren. Angst ist eine natürliche Reaktion auf Bedrohung und Gefahr. Unser Herz schlägt schneller, unser Magen zieht sich zusammen. Wir haben Angst vor Prüfungen, bei Antritt einer neuen Stelle, bei Verlust des Arbeitsplatzes oder bei einer unübersichtlichen Situation im Straßenverkehr. Viele Menschen fühlen sich schuldig und schwach, wenn sie zu ihrer Angst stehen, und verdrängen sie lieber in der Hoffnung, dass sie von allein verschwindet. Dadurch räumen sie der Angst allerdings nicht weniger, sondern mehr Macht über sich ein.

Angst hat unzählige Facetten, aber der Psychologe Michael Yapko hat in einer auf dreißig Jahre angelegten Studie drei allgemeine Kategorien ermittelt.[2] Da liegt es nahe, sich bewusst zu machen, welche davon überwiegend unser Verhalten steuert. Ungesunde Ängste setzen uns enge Grenzen und führen zu schlechten, impulsiven Entscheidungen. Sie beeinflussen, wie wir unsere Kinder erziehen, uns in Beziehungen verhalten, unseren Arbeitsplatz wählen und mit unseren Finanzen umgehen.

Die erste Kategorie ist die *Angst, Fehler zu machen*. Menschen dieser Kategorie sind häufig perfektionistisch veranlagt mit einer schon fast an Panik grenzenden Angst davor, sich oder andere zu enttäuschen. Sie fürchten Kritik – ob tatsächlich geäußert oder lediglich erwartet. Ihre Angst treibt sie in unrealistische Erwartungen an sich und andere.

Die zweite Kategorie ist die *Angst vor Ablehnung*. Menschen dieser Kategorie haben Angst, in einen neuen Hauskreis zu gehen, ein Gespräch mit ihrem Chef oder Pastor zu beginnen oder in der Schule oder bei Fortbildungen öffentlich eine Frage zu stellen, um nicht als unwissend oder leistungsschwach zu gelten. Viele ihrer Entscheidungen werden von dem Gedanken geleitet, was andere über sie denken oder sagen könnten.

Die dritte Kategorie betrifft Menschen, die *Angst vor den Folgen von Entspannung* haben. Sie nehmen stets eine wachsame und defensive Haltung ein aus Angst, jemand oder etwas könnte sie verletzen. Diese Schutzwälle einzureißen, fällt ihnen extrem schwer.

Wir sollen unsere Ängste nicht verdrängen. Gott möchte vielmehr, dass wir sie klar erkennen und sie mit der Kraft des Heiligen Geistes überwinden. In der Bibel finden sich viele aussagekräftige Beispiele von Menschen, die ihre Angst durchlebt und überwunden haben.

- Mit achtzig überwindet Mose seine auf Selbstzweifel und Minderwertigkeitskomplexen gründende Angst und schafft es, sich mit dem Pharao auseinanderzusetzen.
- David setzt sich über die Angst seiner Umgebung hinweg, die ihm einreden will, er könne gegen Goliat nicht gewinnen.
- Die jüdische Königin Esther überwindet ihre Angst vor einem gewaltsamen Tod, indem sie ein fest verankertes gesellschaftliches Tabu durchbricht und unaufgefordert zu ihrem Mann, dem König von Persien, geht.
- Josef, der irdische Vater Jesu, durchbricht die Angst vor Scham und Demütigung, als er Ja sagt zu Gott und Maria heiratet.

Jedes dieser Beispiele zeigt: Mut ist nicht die Abwesenheit von Angst. Mut ist vielmehr die Fähigkeit, auch angesichts der Angst überlegt zu handeln und sie hinter sich zu lassen, weil man die größere Vision Gottes dahinter entdeckt hat. Uneingestandene Ängste können eine Kraft entwickeln, die uns beengt und einschränkt. Wir werden festgefahrene Lebensbereiche nicht auflösen und verbessern können und uns damit eine bessere, leichtere Zukunft verbauen – außer wir überwinden unsere Ängste im Blick auf Christus.

Was könnte passieren, wenn Sie den Weg auf die andere Seite der Angst antreten würden?

Stellen Sie sich vor, was für Möglichkeiten sich Ihnen eröffnen, wenn Sie sicher sein könnten: Fehler sind erlaubt, Sie müssen nicht immer perfekt sein, aber Sie sind trotzdem geliebt. Was würden Sie in Angriff nehmen, wenn die Liebe der anderen nicht abhängig wäre davon, was Sie auf die Reihe kriegen? Was könnten Sie mit Ihren Gaben und Talenten für Gott erreichen, wenn feststünde, dass Versagen keine Katastrophe ist? Was könnten Sie bewegen, wenn Sie sich der Liebe Gottes so sicher sind, dass Sie nicht länger von der Bestätigung durch andere abhängig sind? Was würden Sie tun, wenn Sie den Menschen in Ihrer Umgebung offen die Wahrheit sagen könnten?

Ich hatte Angst davor, schwach zu sein, und als ich mir diese Angst endlich eingestand, überwand ich sie, indem ich mich an Gottes Liebe klammerte. Ich nahm mir bewusst Zeit zum Bibellesen, hörte in der Stille auf Gottes Stimme und ließ mich mit seiner Liebe beschenken. Ich begann, sehr genau darauf zu achten, wann ich meinen Wert und meine Selbstachtung von der Bestätigung durch andere abhängig machte anstatt von Gottes umfassender Liebe.

Angst gehört zum Menschsein. Stellen Sie sich jetzt einige Augenblicke bewusst in die Gegenwart Gottes. Und beantworten Sie sich folgende Fragen: Wovor habe ich Angst? Was macht mir Sorgen? Geld? Sicherheit? Kinder? Partner? Beziehungen? Arbeit? Zukunft? Gesundheit? Lassen Sie die Wahrheit von Psalm 46,11 auf sich wirken: „Seid stille und erkennt, dass ich Gott bin" (Luther). Sammeln Sie präzise Informationen über Ihre Ängste und über mögliche Gegenmaßnahmen. Vielleicht sollten Sie sich wieder einmal gründlich medizinisch durchchecken lassen, Eheprobleme mit einem Seelsorger oder Berater besprechen oder eine Finanzberatung in Anspruch nehmen. Und zum Schluss: Schreiben Sie auf, welche konkreten Schritte Sie im Blick auf eine bestimmte Angst unternehmen wollen.

Drei einfache Richtlinien

Hier sind drei einfach umzusetzende Anregungen, wie Sie Wut, Traurigkeit und Angst verarbeiten können: „Fühlen" Sie Ihre Gefühle (lassen Sie sie zu), durchdenken Sie Ihre Gefühle und ergreifen Sie Maßnahmen, besser damit umzugehen.

„Fühlen" Sie Ihre Gefühle

Wenn es um Gefühle geht, sollten wir Extreme vermeiden. Wir sollten weder unsere Emotionen vernachlässigen noch ihnen die alleinige Macht über unser Leben einräumen. Wir sollten sie weder im Schrank verstecken noch sie auf den Fahrersitz lassen. Wir sollten ihnen vielmehr so viel Aufmerksamkeit schenken, dass sie uns gute Dienste erweisen.

Fühlen bedeutet, sich seiner Emotionen bewusst zu sein und sie anzuerkennen. Lassen Sie sie zu, ohne sich selbst zu verurteilen. Erforschen Sie sie in der Gegenwart Gottes, der Sie liebt.

Eine Möglichkeit, Bewusstsein für die eigenen Gefühle zu entwickeln, ist es, Tagebuch zu führen. Als ich anfing, meine verkümmerten „Gefühlsmuskeln" regelmäßig zu trainieren, war das für mich so eine Art Basisübung. Drei- bis viermal pro Woche nahm ich mir die Zeit, über die Gefühle nachzudenken, die ich an dem betreffenden Tag durchlebt hatte. Durch diese „Gefühls-Work-outs" wuchs mein Bewusstsein dafür, was ich wirklich fühlte. Mit der Zeit konnte ich Gefühle immer besser spontan erkennen und zuordnen, sodass ich nicht mehr auf das „Work-out" angewiesen war, um sie zuzulassen und zum Ausdruck zu bringen. Der innere Aufruhr legte sich, weil ich Gefühle nicht länger unterdrückte oder mich wertlos fühlte, weil ich sie zugab.

Die Bibel lädt uns ein, vor Gott offen über unsere Gefühle zu sprechen: „Ihr Menschen, vertraut ihm jederzeit, und schüttet euer Herz bei ihm aus! Gott ist unsere Zuflucht" (Psalm 62,9). Leider sind viele Menschen so sozialisiert, dass sie niemandem ihr Herz ausschütten. Selbst unsere unmittelbare Umgebung kennt uns nur unzureichend.

Aber Gott ist absolut vertrauenswürdig und sicher. Ihm gegenüber können wir ganz offen sein. Wir können ihm unser Herz ausschütten, weil nichts, absolut nichts, Gott dazu veranlassen könnte, uns seine Liebe zu entziehen.

Eines Tages rief Pete an und sagte, sein Freund Julius habe ihn um ein spontanes Treffen gebeten. Ob ich etwas dagegen hätte, wenn er später käme. Sofort spürte ich Verspannungen im Nacken- und Schulterbereich und mein Pulsschlag erhöhte sich. Trotzdem sagte ich: „Natürlich nicht. Ich halte das Essen warm. Es macht mir nichts aus." Und dann widmete ich mich wieder meinem Tagesgeschäft.

Als ich abends über meine Gefühle nachdachte und sie aufschrieb, wurde mir bewusst, dass Petes Frage und meine Antwort bei mir Wut und Irritation ausgelöst hatten.

Dieses Zulassen war der Anfang, und nun war ich bereit für den zweiten Schritt in dem Prozess, meine Emotionen nicht länger zu leugnen: Gefühle zu durchdenken.

Durchdenken Sie Ihre Gefühle

Als ich über meine Reaktion auf Petes Frage nachdachte, wurde mir bewusst, dass ich Ja gesagt hatte, weil ich nicht egoistisch erscheinen wollte. Und ich merkte: Ich war nicht schlecht, nur weil ich wollte, dass er pünktlich nach Hause kam. Ich schätze mich selbst ausreichend, um sagen zu können: „Beim Essen möchte und brauche ich mit unseren vier Kindern einfach deine Hilfe." Außerdem wurde mir klar, wie wichtig für mich das tägliche gemeinsame Abendessen war und dass ich diesen berechtigten Wunsch Pete gegenüber auch ganz klar äußern musste.

Wir sollen unsere Gefühle fühlen, aber wir sollen ihnen nicht immer nachgeben.

Henri Nouwen hat einmal gesagt, wir sollten fünfzig Prozent unserer Zeit damit zubringen, unser Leben zu leben, und die anderen fünfzig Prozent damit, darüber nachzudenken, was wir da gerade leben.[3] Denken ist eine Fähigkeit, die Gott in seiner Schöpfung einzig dem Menschen verliehen hat, seinem Ebenbild. Dieses Geschenk versetzt uns in die Lage, mit unseren Gefühlen wohlüberlegt umzugehen, an statt überhastet zu reagieren. Wir sollen unsere Gefühle fühlen, aber wir sollen ihnen nicht immer nachgeben. Der Schreiber der Sprüche stellt fest: „Ein eifriger Mensch, der nicht nachdenkt, richtet nur Schaden an; und was übereilt begonnen wird, misslingt" (Sprüche 19,2). Mit falschem Denken und unzureichendem Nachdenken werden wir uns näher in Kapitel 7 beschäftigen.

Wenn Sie Ihre Gefühle benannt haben, fragen Sie sich: „Warum empfinde ich so?" Ein Beispiel: Morgen ist ein Treffen mit Ihrem Chef anberaumt, vor dem Sie Angst haben. Haben Sie diese Angst erst einmal zugegeben, fragen Sie sich vielleicht: Worum geht es wohl? Will er mich entlassen? Wird mein Gehalt gekürzt?

Wenn Sie sich intensiver mit Ihren Gefühlen auseinandergesetzt haben – sei es nun Traurigkeit, Wut oder Angst –, sind Sie bereit für den dritten Schritt: eine angemessene Reaktion.

Reagieren Sie angemessen

Nachdem ich erkannt hatte, dass mein Ja auf Petes Frage eigentlich eine Lüge gewesen war, stellte sich mir die Frage: „Was ist die angemessene Reaktion darauf?" Aus seiner unsensiblen Frage hätte ich ihm gerne einen Vorwurf gemacht. Warum konnte er Julius die Bitte nicht einfach abschlagen? Verstand Pete denn nicht, was das für mich für Folgen hatte?

Ich beruhigte mich und machte mir klar, dass ein Vorwurf keine gute Reaktion war. Wie sollte Pete wissen, was in mir vorging, wenn ich es ihm nicht sagte? Ich entschloss mich, mit dem anstehenden Gespräch nicht zu warten, bis er nach Hause kam. Nachdem ich alles in meinem Tagebuch festgehalten hatte, rief ich ihn an und sprach ganz offen über meine Gefühle und Wünsche. Ohne viel Trara antwortete er: „Danke für deine Offenheit, Schatz. Ich verstehe das. Um 18.00 Uhr bin ich zu Hause."

Es hat viel Kraft gekostet, meine Gedanken und Gefühle in dieser Situation zu verarbeiten. Aber es hat sich gelohnt, weil ich in meinem Glauben ein ganzes Stück vorangekommen bin: Ich hörte auf zu lügen. Ich bekam mehr Selbstachtung. Ich investierte in unsere Ehe. Und ich konnte Gott ganz anders begegnen.

Manchmal wird ganz klar sein, worin die angemessene Reaktion besteht. Eine Einladung ablehnen. Die Angst überwinden und den neuen Job annehmen. Die neue Beziehung langsam angehen lassen.

Manchmal wird es aber auch länger dauern, bis klar wird, welche Reaktion bzw. welches Handeln angemessen ist. Vielleicht brauchen Sie noch mehr Informationen oder müssen über Alternativen nachdenken. Vielleicht müssen Sie noch einige Gespräche führen, bevor Sie zu einer Entscheidung kommen. Vielleicht müssen Sie die Sache noch mit einer Freundin besprechen. Oder mit Gott. Vielleicht merken Sie auch, dass Sie zunächst einmal neue Fähigkeiten erlernen müssen, z. B. frei zu reden, gut zuzuhören, fair zu streiten oder Erwartungen mitzuteilen und abzuklären.

> *Die Auseinandersetzung mit meinen Gefühlen hat viel Kraft gekostet. Aber sie hat mein Leben bereichert und meinen Glauben wachsen lassen.*

Es kann sein, dass Sie bereits zehn, zwanzig, dreißig oder gar fünfzig Jahre hinter sich haben, in denen Sie so mit Ihren Emotionen umgegangen sind, dass es Ihrer Seele Schaden zugefügt hat (abgesehen davon, dass es nicht dem Glauben entsprach). Seien Sie barmherzig mit sich selbst und lassen Sie sich Zeit, wenn Sie jetzt eine neue Weise erlernen, gut mit Ihren Gefühlen umzugehen.

Wenn Sie es schaffen, Traurigkeit, Wut und Angst zuzulassen und angemessen zu verarbeiten, wird Ihr Leben reifer und gesünder werden – emotional, körperlich und spirituell. Die ehrliche Auseinandersetzung mit Ihren Gefühlen wird auch verhindern, dass Sie Ihre Emotionen auf andere projizieren und so sich und anderen schaden.

5
Schluss mit Schuldzuweisungen

Als Pete und ich heirateten, wurde aus zweien eins – oder besser gesagt: Nur einer blieb übrig. Anstatt mit unserer Ehe einen Raum zu schaffen, in dem wir beide vorkamen und uns weiterentwickeln konnten, tat sich mit der Hochzeit ein Loch auf, in das ich hineinfiel und verschwand.

Es war irgendwie selbstverständlich, dass ich mich in Petes Leben verlor. Er schien viel besser zu wissen, was er wollte. Er wollte Urlaub in Nicaragua machen, mitten im Bürgerkrieg – ich ging mit, obwohl ich im sechsten Monat schwanger war und eine ganz andere Vorstellung von Ruhe und Entspannung hatte. Ich ging mit, als Pete in New York eine Gemeinde bauen wollte – ohne eine Kerngruppe, auf die man hätte zurückgreifen können, ohne vorhandenes Gebäude und natürlich ohne Geld – obwohl ich lieber noch gewartet hätte. Ich ließ mich auf Petes mörderisches Lebens- und Arbeitstempo ein, obwohl ich müde und zunehmend einsam war. Weil Pete es so wollte, blieb ich in den heißen Sommermonaten mit den Kindern in Queens, obwohl ich sie lieber bei meinen Eltern in New Jersey verbracht hätte.

Ja, ich habe mich in vielerlei Hinsicht in Petes Leben verloren, das sehe ich heute. Aber ich mache ihm deswegen keine Vorwürfe. Damals habe ich das natürlich schon getan. Natürlich war auch Pete in mancher Hinsicht blind für seine wahren Motive. Aber verantwortlich für meine Entscheidungen war er deshalb nicht. Die Verantwortung dafür, dass ich Pete erlaubte, so viele meiner persönlichen Grenzen zu überschreiten und meinen Wunsch nach einem anderen Leben zu ignorieren, lag *allein* bei mir. Ich war überzeugt, dass es nicht in meiner Macht stand, die vielen frustrierenden Baustellen meines Lebens zu bearbeiten und zu verändern; aber damit lag ich falsch. So schien es am einfachsten, Pete und anderen Menschen die Schuld zu geben, während ich das Leben über mich ergehen ließ.

Das Spiel mit der Schuld und den Schuhen

Es ist leider so, dass wir anderen gerne die Schuld in die Schuhe schieben. Adam tat das mit Eva, Eva mit der Schlange, Sarah mit Hagar, Josefs Brüder taten es mit Josef, die Israeliten mit Mose, Mose mit Gott und Saul mit David.

Wenn etwas nicht so läuft, wie wir uns das vorstellen, dann machen wir andere dafür verantwortlich: Eltern, Ehepartner, Kinder, Schule, Regierung, Unternehmen, Chefs, Angestellte, das Wetter, die Inflation, den Verkehr. Und wenn es ganz schlecht läuft, glauben wir, der Teufel sei am Werk – oder wir klagen Gott an.

Schuldzuweisungen geben uns – zumindest eine Zeit lang – das tröstliche Gefühl, alles unter Kontrolle zu haben.

Schuldzuweisungen geben uns – zumindest eine Zeit lang – das tröstliche Gefühl, alles unter Kontrolle zu haben. Tatsächlich bewirken sie aber das Gegenteil, denn sie rauben uns unsere Kraft zum Handeln und halten uns in einer Haltung der Unreife fest.

Die folgenden Aussagen sind nur einige Beispiele dafür, wie wir manchmal andere verantwortlich machen, um nicht selbst die Verantwortung für unser Leben übernehmen zu müssen:

- „Du machst mein Leben kaputt."
- „Mein Chef ist furchtbar. Am liebsten würde ich die Stelle wechseln."
- „Die Gemeinde bringt mir nichts."
- „Ich bin erschöpft, weil mein Mann/meine Frau keinen Urlaub nehmen will."
- „Ich verdiene nicht genug, deswegen habe ich so viele Schulden."
- „Ich komme geistlich nicht voran, weil die Gemeinde so unreif ist."
- „Kreditkartenunternehmen ruinieren mein Leben."
- „Die Beziehung zu meinem Verlobten ist so schlecht, weil er sich weigert, zur Beratung zu gehen."
- „In meinem Alter kriege ich doch keinen neuen Job mehr."
- „Als alleinerziehende Mutter werde ich immer arm bleiben."

- „Jeder Besuch bei meinen Eltern artet in Stress aus."
- „Naturwissenschaften waren noch nie mein Ding. Ich hatte schlechte Lehrer."

Aussagen, durch die andere für die eigene Situation verantwortlich gemacht werden, vermitteln den Eindruck der Hilflosigkeit. Wir glauben, wir hätten keine Wahl, aber das stimmt nicht. Allerdings sind Schuldzuweisungen ein hinterhältiges Mittel, die letzten Endes den schwächen, der sie benutzt. Die damit eingenommene Opferrolle geht häufig einher mit einem Gefühl moralischer Überlegenheit. Zugleich wird die eigene Verantwortung geleugnet. Das sehen wir bereits im Garten Eden, als Adam und Eva versuchen, die Oberhand über die Situation zu behalten, indem sie sich gegenseitig die Schuld zuschieben. Wer Schuld verschiebt, ist meist zornig und hat genaue Vorstellungen davon, wie andere sich zu verhalten haben. Aber eigene Fehler oder eigenes Unwohlsein werden verdrängt. Das ist einfacher – zumindest kurzfristig –, als sich anstehenden schwierigen Entscheidungen zu stellen.

Wenn wir es zulassen, dass verletzende Situationen uns weiter verletzen, oder wenn wir Schmerz akzeptieren, weil wir „keine Wahl haben", dann gehen wir davon aus, dass wir nicht länger die Kontrolle über unser Leben haben – und erliegen damit einem großen Irrtum. Wir betrachten uns als Opfer der Umstände. Und das kann in einer Depression enden.

Die folgenden sechs Aussagen können ein Anzeichen dafür sein, dass Sie lieber andere verantwortlich machen, als selbst die Verantwortung für Ihr Leben zu übernehmen:

1. Sie haben das Gefühl, im Leben schlechte Karten zu haben.
2. Sie gehen nicht davon aus, dass Sie in Ihrem Leben etwas zum Positiven verändern können.
3. Negative Ereignisse und Beziehungen in Ihrem Leben sehen Sie als außerhalb Ihrer Kontrolle an.
4. Sie glauben selten, dass Sie falsch liegen.
5. Für Sie ist eine Entschuldigung ein Zeichen von Schwäche.
6. Sie schwelgen in der Vergangenheit, anstatt sich auf die Zukunft zu konzentrieren.

Wenn Sie feststellen, dass Sie auch das Schuld-Verschiebe-Spiel spielen und sich wie ein Opfer der Umstände fühlen, ist es vielleicht an der Zeit, sich eine wichtige Frage zu stellen: „Was will ich dagegen tun?" Damit verlagern Sie den Schwerpunkt von den Schuldzuweisungen an andere hin zur eigenen Verantwortung für Ihr Leben.

Übernehmen Sie die Verantwortung für Ihr Leben

Sie müssen nicht fremdbestimmt leben. Sie allein sind für sich und Ihr Leben verantwortlich, niemand sonst.

Wenn Ihr Partner nicht ausgehen möchte, gehen Sie allein oder mit Freunden. Wenn Ihnen die eine Stunde Anfahrt zur Arbeit zu viel ist, suchen Sie sich einen neuen Job in der Nähe oder ziehen Sie um.

> Sie allein sind für sich und Ihr Leben verantwortlich, niemand sonst.

Wenn Ihre Eltern schwierig sind und Veränderung verweigern, legen Sie fest, *wann* und *wie* Sie sich sehen – oder *ob überhaupt.* Ihr Partner will vielleicht nicht zur Eheberatung gehen, aber Sie können sich Hilfe holen, um an den eigenen Blockaden in Ihrer Beziehung zu arbeiten. Wenn die Schulden Ihnen über den Kopf wachsen, gehen Sie zu einer Schuldnerberatung, die Ihnen hilft, besser mit Geld umzugehen und Ihre Finanzen dauerhaft stabil zu halten.

Lena und Pascal sind seit achtzehn Jahren verheiratet. Sie haben drei Kinder und das Kochen war in all den Jahren immer Lenas Aufgabe. „Ich hasse es – und das Aufräumen und Spülen hinterher erst recht. Es ist ungerecht!", beschwerte sie sich regelmäßig. Sie war davon ausgegangen, dass sie als treu sorgende Ehefrau und Mutter diesen Part übernehmen musste. Aber sie ärgerte sich ständig deswegen, machte sarkastische Bemerkungen und ging zu Pascal auf Abstand.

Dann wurde Lena Mitglied in einem Hauskreis ihrer Gemeinde und dort lernte sie etwas über Selbstwert. „Irgendwann habe ich aufgehört, meinem Mann die Schuld zu geben", erzählte sie mir, „weil mir klar wurde, dass ich selbst ansprechen und klären muss, was ich im Haushalt gerne mache und was nicht. Auch wenn das zunächst vielleicht Unruhe in die Familie bringen würde."

Pascal hatte überhaupt nichts dagegen, Kochen und Abwasch aufzuteilen. Lena hatte ihren Ärger nur nie richtig zur Sprache gebracht. Sie lernte, Schuldzuweisungen zu lassen und Verantwortung für eigene Vorlieben und Bedürfnisse zu übernehmen, und das war für sie eine einfache, aber tief greifende Lektion.

Michaela leidet sehr unter der schwierigen sexuellen Beziehung zu ihrem Mann Andreas. „Wenn er sich bloß ändern würde", denkt sie, „dann wäre alles ganz wunderbar." Sie bittet Gott darum, ihn „auf den rechten Weg zu führen" und die Dinge ins Lot zu bringen. Nichts geschieht. Aus einem Jahr werden fünf, aus fünf Jahren zehn.

Irgendwann sind Wut und Schmerz zu groß, und Michaela wird depressiv. „Und in dieser Zeit", berichtet sie, „hat Gott mich endlich erreicht. Er zeigte mir, wo ich zu dem Problem beigetragen hatte. Unsere sexuellen Probleme waren nur das Symptom für viele andere ungesunde Verhaltensmuster in unserer Ehe."

Michaela beschließt, die Verantwortung für ihre Probleme und für ihr Glück zu übernehmen und erkennt auch, dass eine professionelle Eheberatung dringend notwendig ist. „Gott hat das Chaos beseitigt, das wir aus unserer Ehe gemacht haben", berichtet sie. „Das brauchte viel Mut, Ehrlichkeit und harte Arbeit und wir mussten beide lernen, individuelle Verantwortung zu übernehmen. Aber es hat sich gelohnt. Unser Sexleben ist jetzt von einer Intimität und Sicherheit geprägt, die ich mir nie hätte erträumen können, als ich Gott bat, ‚ihn auf den rechten Weg zu führen'." Ihr Mann fügt hinzu, wie unglaublich dankbar er Michaela dafür ist, dass sie ihn nicht länger für die sexuellen Probleme verantwortlich macht und nie die Hoffnung aufgegeben hat.

Entdecken Sie Gottes Baukasten für individuelle Freiheit

In dem Klassiker *Der Zauberer von Oz* suchen Dorothy, die Vogelscheuche, der Blechmann und der feige Löwe auf je unterschiedliche Weise nach etwas, was ihnen die Freiheit bringen würde. Dorothy möchte nach Hause, die Vogelscheuche hätte gerne Verstand, der Blechmann möchte ein Herz und dem Löwen fehlt Mut.

Nach einer langen und schwierigen Reise erreichen sie schließlich ihr Ziel, nur um dort eine überraschende Entdeckung zu machen: All das, was ihrer Meinung nach nur beim Zauberer zu bekommen ist, tragen sie bereits in sich; sie brauchen nur etwas Hilfe dabei, den Schritt zu wagen und diese Dinge auch tatsächlich einzusetzen. Nachdem man der Vogelscheuche erklärt hat, dass sie bereits Verstand besitzt, fängt sie umgehend an zu rechnen. Das tickende Herz des Blechmanns ist die Bestätigung, dass er die Fähigkeit besitzt, andere zu lieben. Der feige Löwe erhält eine Tapferkeitsmedaille und entdeckt seinen Mut wieder. Und Dorothy wird klar, dass sie jederzeit hätte nach Hause gehen können; die Probleme haben ihr gezeigt, wie wichtig ihr ihre Familie ist, und die Entscheidung zurückzukehren, trifft sie ganz freiwillig. Niemand anders hätte das für sie tun können.

Wir sind in einer ganz ähnlichen Situation: Als Menschen, die nach Gottes Bild geschaffen sind, haben wir gewisse Rechte und Pflichten mit auf den Weg bekommen, durch die wir in einer von Gott gestifteten persönlichen Freiheit im Leben unterwegs sein können (1. Mose 1,26-31). Niemand muss uns die Erlaubnis geben, bestimmte Entscheidungen zu treffen, Grenzen zu setzen, Vorlieben festzulegen, selbständig zu denken oder zu fühlen; all das können wir bereits. Allerdings müssen wir die Verantwortung für das übernehmen, was wir mitbekommen haben, müssen diese Eigenschaften und Qualitäten benutzen – wie die Hauptpersonen im *Zauberer von Oz*. Dazu gehört auch die Freiheit, verantwortlich zu entscheiden, wie ein individuell gestaltetes, selbstbestimmtes Leben für uns aussehen kann.

Bausatz für individuelle Freiheit

Es hat einige Jahre gedauert, bis ich mir die Freiheit zurückerobert hatte, mein Leben selbst zu bestimmen und auch andere darin zu unterstützen, das ebenfalls zu tun. Dabei ist etwas entstanden, was ich den Baukasten für individuelle Freiheit nenne.[1] Ich habe das Modell der Psychologin Virginia Satir entsprechend bearbeitet und erweitert und herausgekommen sind neun Module, die entscheidend sind, wenn wir die Verantwortung für unser Leben endlich selbst übernehmen wollen, anstatt sie anderen zuzuschieben. Jedes Modul steht für ein Recht oder eine Pflicht, das bzw. die wir als nach Gottes Bild geschaffene Menschen und Nachfolger Jesu haben. Folgende Liste nennt die einfachen, aber lebensverändernden Module. Aber eine kleine Warnung vorab: Sie sind leicht zu lernen, jedoch schwierig umzusetzen.

- Der Zaun der Abgrenzung (Grenzen beachten und einhalten)
- Die Stimme der Offenheit (Dinge offen ansprechen)
- Die Ja-Nein-Medaille (Klarheit schaffen)
- Das Herz der Gefühle (Gefühle beachten)
- Die Sauerstoffmaske der Selbstfürsorge (auf sich achten)
- Der Spiegel der Selbstkonfrontation (Eigenwahrnehmung)
- Der Schlüssel der Hoffnung (Hoffnung behalten)
- Der Hut der Weisheit (sorgfältig nachdenken)
- Die Plakette des Mutes (mutig sein)

1. Der Zaun der Abgrenzung

Zäune sind Grenzen; durch sie wissen wir, wo unser Garten aufhört und der des Nachbarn beginnt. Die Bibel erwähnt Grenzen vom Anbeginn der Schöpfung. Um Ordnung in das Chaos zu bringen, trennt Gott Erde von Himmel, Wasser von Land, Nacht von Tag.

Auch den Menschen schuf Gott mit Grenzen. Das Wort *Existenz* leitet sich ab von einem Begriff, der *abseits stehen* bedeutet.[2] Adam war zunächst allein im Garten Eden, Eva kam erst später dazu. Sie waren einzigartige Individuen, die nicht von Anfang an eine Einheit bildeten. Und diese Identität als getrennte Individuen war für ihre gesunde Beziehung entscheidend.

Gott hat uns Grenzen gegeben, damit wir wissen, wo wir enden und der andere beginnt. Zu diesen Grenzen gehören Gedanken, Gefühle, Hoffnungen, Träume, Ängste, Werte und Glaubensüberzeugungen. All das trennt uns vom anderen und erinnert uns daran, dass zwischen uns als Individuen ein gewisser Abstand herrscht. Wenn ich also zulasse, dass jemand mich zu etwas zwingt, was ich nicht möchte oder gutheiße, dann erlaube ich dieser Person, meine Grenzen zu überschreiten.

Die Haut ist ein Beispiel für solch eine wichtige persönliche Grenze. Ihre Haut mit allen Bestandteilen gehört allein Ihnen und niemandem sonst. Sie sind verantwortlich für Ihren Körper, egal, ob Sie verheiratet sind oder als Single leben. Sie müssen ihn respektieren und dafür sorgen, dass andere es ebenfalls tun. Viel zu viele Menschen, besonders Frauen, lassen zu, dass die Grenze ihrer Haut verletzt wird. Geschieht das bei Ihnen auf eine Art und Weise, die Unwohlsein auslöst, haben Sie das Recht und die Pflicht, Nein zu sagen.

Abgrenzung hilft uns, Situationen, in denen wir uns in der Regel ohnmächtig fühlen, zu verändern.

Eigene Grenzen müssen gezogen und geachtet werden, aber auch die Grenzen anderer verdienen Respekt. Dies geschieht, wenn Unterschiede erkannt und beachtet werden. Bei Meinungsverschiedenheiten oder unterschiedlichen Vorstellungen müssen wir die Entscheidungen des anderen respektieren, selbst wenn sie nicht mal ansatzweise die unsrigen sind. Wir machen sie nicht schlecht oder verteufeln sie. Wir verletzen den Zaun der Abgrenzung, wenn wir anderen vorschreiben, was sie zu denken und zu fühlen haben. Das geschieht durch Aussagen wie:

- „Das ist lächerlich. Wie kommst du denn darauf?"
- „Wut ist jetzt wirklich nicht angebracht."
- „Ich fass es ja nicht, dass dir dieser Film gefallen hat."
- „Ich bin dir egal. Darum rufst du mich nie an."

Der Zaun der Abgrenzung ist ein einfaches, aber sehr wirkungsvolles Werkzeug, mit dem wir in Situationen, die uns sonst immer hilflos zurückließen, anders reagieren können. Wo wir sonst Angst hatten, unsere Meinung zu äußern oder uns durchzusetzen, oder wo wir fürchteten, uns im Leben eines anderen zu verlieren, beanspruchen wir jetzt die Freiheit, die uns als Individuum zusteht und drücken Gedanken und Gefühle offen aus. In Situationen am Arbeitsplatz, wo wir bisher respektloses Verhalten widerspruchslos hingenommen haben, können wir nun sagen: „Herr Meier, ich mag es nicht, wenn Sie mich vor den anderen korrigieren. Mir wäre es lieber, wir würden so etwas unter vier Augen besprechen."

Wenn es Ihnen schwerfällt, Grenzen zu setzen, liegt das vielleicht daran, dass Ihnen das nie vorgelebt wurde. Sie haben vielleicht in der Familie sexuellen, körperlichen oder emotionalen Missbrauch erlebt. Der Zaun der Abgrenzung kann nur mit Gottes Hilfe, einem schon fast heldenhaften Mut und der Unterstützung durch andere errichtet werden. Suchen Sie sich Hilfe. Sie können es lernen. Sie sind es wert.

Vergessen Sie nicht: Andere überschreiten unsere Grenzen nur, wenn wir es ihnen erlauben. Es liegt allein in Ihrer Verantwortung, dafür zu sorgen, dass Ihre persönlichen Grenzen respektiert werden.

2. Die Stimme der Offenheit

Dieses Modul ist unverzichtbar, wenn Sie die individuelle Existenz, die Gott für Sie vorgesehen hat, verwirklichen wollen. Mit *Stimme* meine ich die Fähigkeit, für uns selbst zu sprechen und Gedanken und Gefühle anderen gegenüber offen zu äußern.

Sich selbst zu erkennen zu geben, offen auszusprechen, was man will, denkt, hofft oder träumt, ist schwierig für Menschen, die mit unausgesprochenen Regeln aufgewachsen sind. Vielleicht gab es stillschweigende Übereinkünfte, die aussagten: „Es ist unhöflich, um etwas zu bitten, was man möchte oder braucht" oder: „Unschöne Dinge sollte man nicht laut aussprechen." Ihre Familie hat Ihnen vielleicht verboten zu fluchen, sich aber selbst nicht an dieses Verbot gehalten. Die unausgesprochene Regel lautete: „Sprich nicht mit anderen über Papas Heuchelei." Oder Sie durften nicht über den Alkoholismus eines Elternteils sprechen, über Jähzorn oder über Depression. Das war absolut tabu. Sie haben gelernt, dass es gefährlich ist, die eigene Stimme zu benutzen, also die Wahrheit laut auszusprechen.

Als Erwachsener kann jedoch niemand außer Ihnen Ihre Wünsche und Bedürfnisse artikulieren oder die Wahrheit sagen. Sie sind Ihr eigener Experte. Wenn Sie Ihre Bedürfnisse und Vorlieben nicht offen ansprechen können oder nicht sagen, was Ihnen wichtig ist, dann kann das niemand – und sollte es auch nicht. Sie allein sind dafür verantwortlich, Dinge, die Sie betreffen, klar und ehrlich anzusprechen und respektvollen Umgang damit einzufordern.

Dabei sollten Sie wissen, dass Sie nicht *gegen* andere sprechen, wenn Sie offen Ihre Meinung vertreten oder für eigene Wünsche und Bedürfnisse eintreten, sondern *für* sich selbst. Manchmal denken wir, alle, die nicht unserer Meinung sind, seien damit auch gegen uns, aber das stimmt nicht. Sie vertreten lediglich eine andere Meinung. Wenn ich mich Ihren Überzeugungen zu globaler Erwärmung, Wirtschaft oder verantwortlichem Lebensstil nicht anschließe, heißt das doch nicht, dass ich feindselig oder kompliziert sein will. Ich halte mich einfach an meine Werte und Überzeugungen. Wenn ich Pete sage, dass ich heute Abend lieber allein sein will, dann bin ich nicht gegen ihn. Normalerweise genieße ich das Zusammensein mit ihm. Aber damit ich ihn richtig lieben kann, muss ich meine emotionalen Batterien zunächst einmal aufladen. Wenn ich andererseits eine Einladung ins Kino ablehne, dann ist das nicht persönlich gemeint. Ich will einfach zu Hause bleiben und mich ausruhen.

Ich muss immer wieder daran arbeiten, meine Bedürfnisse und Wünsche offen anzusprechen. Vor Kurzem habe ich einen Massagegutschein eingelöst. Massage ist für mich die beste Art der Entspannung und gibt mir das gute Gefühl, mir etwas zu gönnen. Diesmal allerdings tat mir nach kurzer Zeit meine Schulter weh, weil Kopf und Nacken in einer sehr unbequemen Position waren. Ich bat die Therapeutin um ein Kissen. Sie schlug vor, damit noch so lange zu warten, bis die Nackenmasssage beendet wäre. Als aber die Schmerzen schlimmer wurden, setzte ich mich durch und sagte sehr be-

> **Sie sind Ihr
> eigener Experte.**

stimmt: „Ich brauche jetzt wirklich ein Kissen. Das tut ziemlich weh."

Irgendwann merkte ich, dass die Therapeutin nicht mit dem starken Druck massierte, der nötig gewesen wäre, um meine Nackenverspannungen zu lösen. Ich dachte: „Soll ich mich ein drittes Mal durchsetzen? Ich möchte ja nicht als Nörglerin dastehen." Aber dann sagte ich mir: „Nein, Geri, du hast das Recht, für dich selbst einzustehen. Diese Massage ist ein Geschenk, das du genießen willst, und die Therapeutin wird ja schließlich dafür bezahlt."

Ich bat also um mehr Druck und die Therapeutin entsprach meinem Wunsch umgehend. All das erinnerte mich wieder einmal daran, wie schwierig es selbst in Alltagssituationen sein kann, das Modul „Stimme der Offenheit" aus dem Baukasten hervorzuholen.

Der Alltag bietet viele Möglichkeiten und auch Herausforderungen, entweder für eigene Belange einzustehen oder uns aus Angst oder schlechtem Gewissen zurückzuhalten. Einige Beispiele:

- „Ich möchte in diesem Restaurant lieber an einem anderen als dem uns zugewiesenen Tisch sitzen."
- „Wir werden euch diesmal an Weihnachten nicht besuchen. Wir haben beschlossen, zu Hause zu bleiben."
- „Ich mag es nicht, wenn du in Kurven so schnell fährst. Ich fühle mich dann nicht sicher."
- „Mir liegt die Umwelt am Herzen, deswegen werden wir ab jetzt nur noch Pfandflaschen kaufen."
- „Ich möchte eine kurze Unterbrechung. Ich glaube, die Frisur wird nicht so, wie ich mir das vorgestellt habe."
- „Ich möchte Sie bitten, während unserer Besprechung nicht Ihre E-Mails abzurufen."
- „Ich möchte nicht zu dieser Veranstaltung gehen. Ich möchte lieber zu Hause bleiben."
- „Wie hoch sind denn bei diesem Job Gehalt und Zuschläge? Ist das verhandelbar?"

Wenn wir unsere Stimme einsetzen, um für uns selbst einzustehen, heißt das nicht, dass wir andere kontrollieren oder manipulieren wollen. Dabei sprechen wir mit einer Haltung tief empfundenen

Respekts – sowohl für uns selbst wie auch für andere – und wählen unsere Worte so, dass sie nicht ärgerlich oder nach Rechtfertigung klingen.

Wir benutzen unsere Stimme auch nicht, um etwas zu kommentieren oder unser Erstaunen auszudrücken über etwas, was uns verwirrt. Wir haben das Recht, offene Fragen zu stellen, selbst wenn sie unbequem sind.

Gott hat eine Stimme. Er spricht. Und als Gottes Kind, das nach seinem Bild geschaffen ist, haben auch Sie eine Stimme und sind aufgerufen, sie auch zu benutzen; liebevoll, aber doch durchsetzungsstark. Das ist Ihre Stimme der Offenheit, ohne die Sie nicht das Leben führen können, das Gott ganz individuell für Sie vorgesehen hat.

3. Die Ja-Nein-Medaille

Im Baukasten für individuelle Freiheit sind zwei Worte besonders wichtig: *Ja* und *Nein*. Beide sind sehr wirkungsvoll, beide stellen aber auch besondere Herausforderungen dar.

Viele Menschen haben ein schlechtes Gewissen, wenn sie Nein sagen. Andere sollen uns mögen, und wir wollen ja auch niemanden enttäuschen. Außerdem ist in vielen Köpfen immer noch verankert, Nein sagen sei irgendwie unchristlich. Aber auch Jesus hat Nein gesagt und dabei die Enttäuschung anderer durchaus in Kauf genommen.

- Er sagte Nein, als die Volksmenge ihn zum König machen wollte (Johannes 6,14.15).
- Er sagte Nein zu Petrus, der ihn von seinem Weg ans Kreuz abhalten wollte (Matthäus 16,21-23).
- Er sagte Nein zu den Pharisäern, die ihm die Behauptung verbieten wollten, er sei der Messias (Johannes 9,35-41).
- Er sagte Nein zu seiner Familie, die ihn zurück nach Hause holen wollte (Markus 3,31-35).
- Er sagte Nein zu den Schaulustigen, die als Beweis für seine Gottessohnschaft sehen wollten, wie er vom Kreuz herabstieg (Lukas 23,35-37).

Hätte Jesus zu alldem Ja gesagt, nur aus der Angst heraus, andere zu enttäuschen, hätte er den Auftrag Gottes nicht erfüllt. Er hätte den Erwartungen anderer an ihn entsprochen, aber nicht seinen eigenen. Ein gesundes Nein ist auch für uns wichtig, wenn wir Gottes Absichten für unser Leben folgen wollen.

Dabei ist eine Sache ganz wichtig: *Ja* und *Nein* sind Worte der Liebe. Ich wiederhole es gerne noch einmal: Wenn ich Nein sage, beziehe ich damit nicht Stellung *gegen* den anderen, sondern *für* mich. Mein Nein mag den anderen traurig machen, aber es macht mich nicht schlecht. Und was am wichtigsten ist: Wenn ich Ja sage, aber eigentlich Nein meine, untergrabe ich meine Integrität und verletze beide Seiten. Jeder Erwachsene hat ein Recht darauf, Nein zu sagen, wenn es angemessen ist:

Ein gesundes Ja an einer Stelle braucht ein entschiedenes Nein an einer anderen.

- „Nein, ich kann dir heute nicht helfen."
- „Nein, ich kann diesen Samstag nicht die Kinder nehmen."
- „Nein, ich kann diese Woche nicht bei dir vorbeikommen."
- „Nein, diesmal kann ich deine Einladung nicht annehmen."
- „Nein, heute Abend möchte ich deine Freundin nicht nach Hause fahren."

Ein gesundes Ja an einer Stelle braucht ein entschiedenes Nein an einer anderen. Ein gesundes Ja kommt aus einem ehrlichen Herzen, das etwas sowohl tun will als auch tun kann. Es sagt gerne Ja, knüpft an Zusagen keine Bedingungen und ist frei von Verbitterung und Ärger:

- „Ja, du kannst mich jederzeit anrufen."
- „Ja, ich fahre dich gerne zum Supermarkt."
- „Ja, ich komme gerne mit zu dieser Konferenz."
- „Ja, ich freue mich auf unser Treffen morgen Abend."
- „Ja, ich nehme eure Kinder, damit ihr in Ruhe essen gehen könnt."

Stellen Sie sich vor, Sie trügen diese Woche die Ja-Nein-Medaille um den Hals. Bei jeder Entscheidung, vor der Sie stehen, nehmen Sie sie in die Hand und drehen sie auf die Seite, die für Sie in der betreffenden Situation richtig ist.

4. Das Herz der Gefühle

Dieses Modul erinnert mich daran, dass ich mir regelmäßig Zeit nehmen muss, um mir über meine Gefühle klar zu werden. Sie sind wichtig und eine von vielen Möglichkeiten, wie Gott mir begegnet. Ereignisse, Menschen und Dinge, die in mir Emotionen aufrühren, machen mich als Menschen einzigartig. Wenn ich genau weiß, was meiner Seele guttut und sie lebendig erhält, kann ich bewusst darauf achten, genau diese Dinge auch zu tun.

So habe ich mich bewusst mit meinem Ärger darüber auseinandergesetzt, dass Pete beim Essen Telefonanrufe entgegennahm. Anstatt daraus einen Vorwurf zu machen – „Du verbringst keine Zeit mit mir und den Kindern" – habe ich auf diesen Ärger gehört und ihn als das erkannt, was er war: eine Warnung. Etwas, was mir wichtig war, wurde nicht ausreichend beachtet. Dadurch konnte ich mich durchsetzen: „Pete, könntest du bitte beim Essen dein Handy ausschalten, damit wir diese Zeit als Familie ungestört genießen können?"

Auf Gefühle zu achten bedeutet, Enttäuschungen und Traurigkeit anzuerkennen. Das kann die Enttäuschung über schlechtes Essen in einem Restaurant an einem lange geplanten besonderen Abend mit dem Partner sein oder auch Enttäuschung über eine Absage für die Bewerbung auf meine Traumstelle. Ich habe lange der falschen Vorstellung geglaubt, Enttäuschung sei gleichzusetzen mit Undankbarkeit, wobei undankbar sein ein Synonym war für schlecht sein. Hinter chronischem Nörgeln steht weniger Unzufriedenheit als vielmehr Angst.

Enttäuschung ist nicht gleichzusetzen mit Undankbarkeit. Enttäuschung offenbart etwas über unser Herz.

Ich habe aber gelernt, dass das Herz offener wird und ich den tief darin verborgenen Dingen auf den Grund gehen darf, wenn ich Enttäuschungen offen zugebe. Will ich eine Atmosphäre schaffen, in der Gott mir auf der Herzensebene begegnen kann, so muss ich mein Anspruchsdenken aufgeben und mich verletzlich machen.

Das Modul „Herz der Gefühle" kommt auch dort zum Einsatz, wo es darum geht, dem eigenen Glücklichsein nachzuspüren. Ich weiß noch genau, wie energiegeladen und glücklich ich war, als wir vor einigen Jahren unseren Familienurlaub in einem Freizeitheim in den Bergen starteten. Eine Woche lang schwelgte ich in Sport- und Wellnessangeboten: Wandern, Schwimmen, Segeln, Kajak fahren, Aquarellmalen, Stilberatung und Zeit für Pete und die Kinder. Meine tiefe Freude machte mich auf Dinge aufmerksam, die ich in künftigen Urlauben, aber auch in unserem Lebensstil verändern wollte.

Planen Sie jeden Tag ein wenig Zeit ein, in der Sie sich fragen: „Wie fühle ich mich? Worüber bin ich wütend? Traurig? Ängstlich? Froh?" Schreiben Sie auf, was Sie empfinden, und fragen Sie: „Wie spricht Gott durch diese Empfindungen?"

5. Die Sauerstoffmaske der Selbstfürsorge

Zu den Sicherheitshinweisen im Flugzeug gehört immer auch der Teil, in dem Sie – für den unwahrscheinlichen Fall eines Abfalls im Kabinendruck – aufgefordert werden, zuerst Ihre Sauerstoffmaske aufzusetzen, bevor Sie mitreisenden Kindern helfen. Warum? Weil jemand, der selbst nicht atmet, anderen nicht helfen kann! Ein Sprichwort sagt: „Die Unglückliche ist anderen keine große Hilfe." Mit anderen Worten: Wenn ich mich um andere kümmern will, muss ich mich zunächst um mich selbst kümmern.

Die Sauerstoffmaske der Selbstfürsorge aufsetzen bedeutet, Dinge zu tun, die mir guttun und mich lebendig machen. Es bedeutet, mit den eigenen Wünschen und Träumen in Kontakt zu bleiben, mit allem, was mir das Gefühl gibt: Ja, das ist Leben! Parker Palmer hat einmal gefragt: „Ist das Leben, das ich führe, dasselbe wie das Leben, das Gott in mir führen will?" Es ist leicht, ein anderes als das eigene Leben zu führen, die Erwartungen anderer über alles andere zu stellen. Das nagt aber irgendwann an der Zeit, die mir zur Verfügung steht, um mein ganz eigenes Leben zu leben. Tun Sie nur Dinge, die andere von Ihnen erwarten? Tun Sie immer wieder etwas, was Ihnen Spaß macht?

Pete und ich gehören seit über dreiundzwanzig Jahren zur Gemeinde New Life Fellowship in Queens, New York. Von Anfang an hatten wir es dabei mit einer Fülle an Nöten und Problemen zu tun. Manchmal werden wir gefragt, wie wir das überlebt haben, und darauf antworte ich immer: „Wir lieben die Menschen und unser Dienst ist ein Akt der Liebe für Christus. Wir wissen aber auch, dass wir nicht unersetzlich sind, und wir achten darauf, die Sauerstoffmaske der Selbstfürsorge aufzusetzen. Das haben wir in den ersten acht Jahren versäumt und wären daran fast zugrunde gegangen. Durch unsere Entdeckung, was es heißt, eine emotional gesunde Spiritualität zu entwickeln, haben wir einen Weg gefunden, unser Leben sowohl innerlich wie äußerlich in Balance zu bringen."

Pete und ich sind echte Fans der Sabbatordnung. Jede Woche legen wir einen Sabbattag ein; jeden Sommer einen Sabbatmonat; und alle sieben Jahre drei bis vier Sabbatmonate. Dann tun wir das, was uns guttut und neuen Auftrieb gibt: Wandern, Musik hören, Lesen, Reisen, Fahrrad fahren, ausländisches Essen ausprobieren, Natur und Strand genießen und Zeit mit der Familie und unseren vier Töchtern verbringen.

Der „Tank", aus dem Ihr ganz persönlicher Sauerstoff strömt, kann an viele unterschiedliche Dinge „angeschlossen" sein: Konzerte, Sterne beobachten durch ein Teleskop, einen Literaturkreis, Ausprobieren einer Mannschafts- oder Extremsportart, Töpfern, Arbeiten mit Holz, Gartenarbeit, Angeln, Kochen, Gedichte schreiben, künstlerisch arbeiten oder einfach Treffen mit Freunden.

Die Frage ist: „Tun Sie Dinge, die Ihnen neues Leben einhauchen und Ihnen das Gefühl geben, lebendig zu sein?" Können Sie einen Tag in der Woche die Arbeit ruhen lassen, um sich darauf zu konzentrieren? Überlegen Sie doch einmal, ob so ein Tag möglich sein könnte, an dem das „Eigentlich sollte ich" und „Ich müsste aber noch" außen vor bleibt und Sie das genießen, was Gott Ihnen schenkt – für Sie selbst und für Ihre Umgebung.[3]

6. Der Spiegel der Selbstkonfrontation

Dieses Modul brauchen wir, um uns vor Selbsttäuschung zu schützen (Jeremia 17,9). Indem wir uns den Spiegel der Selbstkonfrontation vorhalten, erkennen wir in aller Demut die Stellen in unserem Leben an, an denen wir versagt haben und an denen wir Verantwortung übernehmen müssen für Fehler und Enttäuschungen. Das meint Jesus mit seinem Hinweis in den Evangelien, dass wir zunächst den Balken aus unserem Auge entfernen müssen, bevor wir uns um den Splitter im Auge des anderen kümmern (Matthäus 7,1-5).

Tun Sie immer wieder Dinge, die Sie lebendig machen und Ihnen Energie geben?

Wir meckern lieber, anstatt Verantwortung zu übernehmen. Ich habe Pete vorgehalten, wie unglücklich ich darüber bin, im Sommer in New York bleiben zu müssen. Als ich mir den Spiegel der Selbstkonfrontation vorhielt, wurde mir klar: Es war einfacher, Pete Vorwürfe zu machen, als ihn mit der Entscheidung zu verärgern, dass ich den Sommer im Strandhaus meiner Eltern verbringen würde – ohne ihn. Ich machte ihn für meine Unzufriedenheit verantwortlich und ging damit einer Situation aus dem Weg, vor der ich Angst hatte und die ich unter allen Umständen vermeiden wollte: dass ich mit meiner Entscheidung Petes Missfallen erregen könnte.

Als ich diesen Balken aus meinem Auge nahm, hatte ich endlich die Freiheit, mich um meine eigenen Bedürfnisse zu kümmern. Ich machte Pete nicht länger Vorwürfe, übernahm selbst die Verantwortung für meine Zufriedenheit und fuhr zeitweise mit den Kindern zu meinen Eltern – selbst wenn das bei Pete anfangs keine Begeisterungsstürme auslöste.

Selbstkonfrontation mag als ein beängstigendes Modul erscheinen (und es weckt in der Tat bestimmte Ängste), aber es ist sehr effektiv und ermöglicht die Konfrontation mit den eigenen Dämonen. Vorwürfe an andere können aufhören, und Sie können sich Ihr Leben zurückholen. Im Alltag kann Selbstkonfrontation bedeuten ...

- Sie machen nicht länger Ihren Chef für Ihre Unzufriedenheit verantwortlich und stellen sich Ihrer Angst davor, einen neuen Job zu suchen.
- Sie beklagen sich nicht länger über den unverantwortlichen Umgang mit Geld, den Ihr erwachsenes Kind an den Tag legt, und machen sich klar, dass Sie mehr Schaden als Nutzen anrichten, wenn Sie immer wieder aushelfen.
- Sie beschweren sich nicht länger über die Ansprüche Ihrer Eltern, weil Sie wissen: SIE müssen lernen, Nein zu sagen, wenn elterliche Probleme mit der Bitte bei Ihnen abgeladen werden, Sie mögen sie lösen.
- Sie machen nicht länger die Anforderungen der Gemeinde dafür verantwortlich, dass Sie auf einen Burn-out zusteuern. Stattdessen machen Sie sich auf den schwierigen Weg nach innen, um zu entdecken, warum Sie keine angemessenen, gesunden Grenzen setzen können.
- Sie machen nicht länger die anderen verantwortlich für Ihre schwache Präsentation bei der Arbeit und gestehen sich ein, dass Sie zu stolz waren, im Vorfeld um Hilfe zu bitten, und nachher zu ängstlich, um ein ehrliches Feedback einzufordern.

Wenn wir dieses Modul nicht einsetzen, werden wir die Freiheit verpassen, die Gott für uns vorgesehen hat und die uns zu einem selbstbestimmten Leben verhilft. Papst Johannes Paul II. hat es so gesagt: „Wahrheit und Freiheit verbinden sich miteinander oder sie gehen gemeinsam elend zugrunde." Ohne umfassende persönliche Wahrheit ist umfassende persönliche Freiheit nicht zu erreichen.

Lassen Sie die vergangene Woche Revue passieren. Haben Sie etwas gesagt, was Sie später am liebsten zurückgenommen hätten? Haben Sie etwas getan, was Ihnen später leidtat? Was passierte in Ihrem Herzen? Was würden Sie anders machen, wenn Sie die Chance hätten, diese Woche noch einmal zu leben? Ist ein klärendes Gespräch fällig? Wenn ja, machen Sie sich einen Vermerk in Ihrem Terminkalender, damit dieser mutige Schritt nicht vergessen wird. Seien Sie nicht zu streng mit sich. Besprechen Sie alles mit Gott und vertrauen Sie auf seine Zusage aus 1. Johannes 1,9: „Wenn wir aber unsere Sünden bekennen, dann erfüllt Gott seine Zusage treu und gerecht: Er wird unsere Sünden vergeben und uns von allem Bösen reinigen."

7. Der Schlüssel der Hoffnung

Seit Anbeginn der Welt hat Gott eine Sache immer reichlich zur Verfügung gestellt: Hoffnung. Sie ist fest verwoben im Zyklus von Sterben und Neuentstehung, den wir mit dem Wechsel der Jahreszeiten beobachten. Der deutlichste Hinweis darauf, dass wir einem lebendigen Gott dienen, dem es eine Freude ist, seinen Kindern Hoffnung zu schenken, liegt in Jesus und seinem Leben, Sterben und seiner Auferstehung.

Der goldene Schlüssel der Hoffnung schließt diese Wahrheit auf und befreit uns aus dem Gefängnis der Vergangenheit. Leben ohne Hoffnung ist so, als wolle man mit einem Auto vorwärts fahren, während man ständig in den Rückspiegel schaut. Zu intensives Festhalten an der Vergangenheit versperrt den hoffnungsvollen Blick in die Zukunft.

Wenn das Leben schwierig wird, verbeißen wir uns allzu leicht in einen negativen Gedankenzyklus: „Das passiert mir nie wieder", sagen wir uns. Und verschwenden alle gedankliche Energie mit dem Grübeln darüber, was wir nicht wollen. Der Schlüssel der Hoffnung zeigt uns die viel wichtigere Frage auf: „Was will ich?" Sie befreit uns dazu, Verantwortung für eine bessere Zukunft zu übernehmen, die wir – in Zusammenarbeit mit dem Heiligen Geist – selbst schaffen können. Außerdem verhindert sie, dass wir nicht wieder herausfinden aus dem Labyrinth von Bedauern, Verbitterung und Vorwürfen an andere.

Das Evangelium bietet nicht nur Hoffnung auf das Jenseits, sondern auch für das Diesseits.

Hoffnung öffnet Türen, die uns verschlossen erschienen. So habe ich beispielsweise häufig nicht mehr gehofft, dass zu unserem Leben jemals Freude und eine positive Grundstimmung gehören würden. Ich dachte, ich müsste wohl als Tatsache akzeptieren, dass sich althergebrachte Muster niemals ändern. Aber das stimmt nicht. Das Evangelium bietet nicht nur Hoffnung auf das Jenseits, sondern auch für das Diesseits. Die Vergangenheit mag schwierig gewesen sein, aber das heißt nicht, dass es eine bessere Zukunft nicht geben kann.

- Vielleicht konnte Ihre Familie schwierige Emotionen nicht ausdrücken. Das können Sie lernen.
- Sie wissen nicht, wie man Vertrauen zu anderen Menschen aufbaut. Das können Sie lernen.
- Sie wissen nicht, wie man zu engen Beziehungen kommt. Das können Sie lernen.
- Sie wissen nicht, wie Sie Ihre Stimme so einsetzen, dass Sie sich durchsetzen, dabei aber ehrlich, direkt und respektvoll bleiben. Das können Sie lernen.
- Selbstkonfrontation erschreckt Sie zu Tode. Sie können lernen, sie nicht nur zu überleben, sondern von ihr zu profitieren.
- Sie vermeiden Konflikte um jeden Preis. Sie können lernen, sich ihnen ohne Angst zu stellen.
- Sie können eine erstrebenswerte Zukunft in Angriff nehmen und sich für gesunde Veränderungen in Ihrem Leben die notwendige Unterstützung holen. Das können Sie lernen.

Christus lädt uns ein, unsere Hoffnung auf seine Kraft zu setzen, um so auch die schwierigsten Umstände zum Guten zu wenden. Er bietet uns an, gemeinsam mit ihm eine positive Zukunft zu schaffen. Die Vergangenheit muss nicht die Zukunft sein.

Welche Türen halten Sie heute noch für verschlossen? Wie können Sie den Schlüssel der Hoffnung in dieser Situation verwenden, um aus der Vergangenheit in eine bessere Zukunft zu gelangen? Wer kann Sie dabei unterstützen, indem er/sie Ihre Perspektive teilt und Sie durch ein liebevolles, ehrliches Feedback ermutigt?

8. Der Hut der Weisheit

Gott schenkt uns die Fähigkeit, unser Leben weise zu gestalten und nicht zu vergeuden. Im Buch der Sprüche geht es ausschließlich um Gottes Einladung an uns, den Hut der Weisheit aufzusetzen. Wir sollen um Verstand und Urteilskraft ringen und danach suchen wie nach einem verborgenen Schatz (Sprüche 2,3.4). Weisheit hat viele wichtige Aspekte, hier möchte ich mich allerdings auf einen entscheidenden beschränken: auf die Weisheit, die dem Vorausdenken innewohnt und die Entscheidungen an potenziell zu erwartenden Konsequenzen festmacht.

> *Die Vergangenheit muss nicht die Zukunft sein.*

Weisheit, die sich an zu erwartenden Konsequenzen orientiert, erfordert sorgfältiges Nachdenken über Entscheidungen – mögen sie nun kurzfristige oder langfristige Auswirkungen haben. Anders ausgedrückt: Wir stürzen uns nicht blindlings in etwas hinein oder treffen Entscheidungen impulsiv. Die Bibel nennt diesen Charakterzug Klugheit. „Ein Unverständiger glaubt noch alles; aber ein Kluger gibt acht auf seinen Gang" (Sprüche 14,15, Luther). Das gilt für alle Arten von Entscheidungen, ob es um den Autokauf geht oder darum, eine Beziehung fortzusetzen, den Arbeitsplatz zu wechseln, ein neues Engagement einzugehen, Schulden zu machen oder etwas zu kaufen, was wir nicht brauchen, nur weil es gerade im Sonderangebot ist. So erweist sich der Gebrauchtwagen, den Sie im Überschwang der Gefühle als vermeintliches Schnäppchen gekauft haben, nach einem Monat als stark reparaturbedürftig. Zu spät kommt Ihnen der Gedanke, dass es wohl ratsam gewesen wäre, ihn vorher von einer unabhängigen Werkstatt begutachten zu lassen. Wenn wir klug und vorausschauend handeln, übernehmen wir Verantwortung für unser Leben und unsere Zukunft.

In den ersten Jahren unseres Gemeindedienstes wuchs die Gemeinde rasch, indem wir zusätzliche Gottesdienste angeboten und neue Gemeinden gegründet haben. Über die Auswirkungen, die diese Expansion auf die Ehen von Mitarbeitern, unsere persönliche Beziehung zu Gott oder unsere Seelsorgekapazitäten für die vielen zusätzlichen Ratsuchenden haben würde, haben wir dabei nicht nachgedacht. Und so kam es zu Versprechungen, die unmöglich eingehalten werden konnten. Das wiederum führte zu noch mehr überstürzten und unklugen Entscheidungen, ausgelöst durch Angst und Sorge. Hätten wir aus unseren Plänen das Tempo herausgenommen und uns die möglichen Konsequenzen genau vor Augen geführt, hätten wir uns viel Kummer und so manche Enttäuschung erspart.

Oft genug denken wir nicht ausreichend über mögliche Konsequenzen einer Entscheidung nach, weil wir uns fürchten vor dem, was wir entdecken könnten. Ein Beispiel: Sie wechseln den Arbeitsplatz, weil Sie bei der neuen Stelle mehr verdienen. Bei dieser Entscheidung haben Sie Aspekte wie längere Anfahrtszeit, steigende Benzinpreise, Überstunden und zusätzliche Ausgaben für angemessene Kleidung unberücksichtigt gelassen. Nach einigen Monaten merken Sie, dass Sie finanziell gar nichts gewonnen haben. Im Rückblick sagen Sie sich vielleicht: „Warum habe ich das nicht bedacht?" oder: „Damals schien das so eine gute Idee zu sein."

Der Hut der Weisheit gibt uns das Recht und zugleich die Verantwortung, uns Zeit zu nehmen, Informationen einzuholen und dann erst zu bewerten. Dazu müssen wir uns aber vor einer Entscheidung kritisch mit dem Thema auseinandersetzen und uns klarmachen, dass „Achtgeben auf unseren Gang" Privileg und Geschenk Gottes ist.

Was war eine Ihrer schlechten Entscheidungen? Was hätten Sie gerne anders gemacht? Was bereuen Sie? Wie sehen Sie die Sache jetzt? Wie können Sie das, was Sie aus der damaligen Situation gelernt haben, auf eine aktuelle Situation übertragen?

9. Die Plakette des Mutes

Mit der Plakette des Mutes können wir gesunde Risiken eingehen. Sie kann Großes bewirken, denn sie ist im Feuer der Liebe Gottes geschmiedet. Wir dürfen mutig sein, weil wir uns diese Liebe nicht erst verdienen müssen, und können so Risiken eingehen und Dinge in Angriff nehmen, durch die wir emotional und spirituell reifen und an die wir uns unter anderen Umständen nicht herantrauen würden.

Die uns zugedachte individuelle Freiheit zu ergreifen und zu leben erfordert Mut und Glauben. Niemand garantiert uns, dass es nicht erst schwieriger wird, bevor es besser wird. Wir müssen mit Widerstand rechnen, wenn wir anfangen, ungesunde Verhaltensmuster zu hinterfragen und das falsche Selbst abzustreifen. Wir setzen uns damit einem lodernden Feuer aus, dem alles zum Opfer fallen wird, was an uns trügerisch, überheblich und nicht authentisch ist. Wer sich für authentisches Leben entscheidet, entscheidet sich nicht für ein leichtes Leben; die damit verbundenen weiteren Entscheidungen sind schwierig und schmerzhaft. Die Frage dabei ist: Wird der Schmerz, auf den ich mich einlasse, zu einem Mittel der Erlösung oder führt er zur Zerstörung? Für den Schmerz, der erlöst, müssen wir die richtigen Dinge aufgeben, um unserer Bestimmung näher kommen zu

Für den Schmerz, der erlöst, müssen wir die richtigen Dinge aufgeben, um unserer Bestimmung näher kommen zu können.

können. Schmerz, der zerstört, bringt stets nur neuen Schmerz hervor, weil er die immer gleichen Probleme lediglich umwälzt und nicht verarbeitet.

Stecken Sie sich also die Plakette des Mutes an – sie ermöglicht es Ihnen, alle Bauteile im Baukasten für individuelle Freiheit noch einmal genau unter die Lupe zu nehmen. Schauen Sie sich jedes Bauteil noch einmal an und beantworten Sie dabei folgende Fragen:

- *Der Zaun der Abgrenzung:* An welchen Stellen lasse ich zu, dass meine Grenzen überschritten werden?
- *Die Stimme der Offenheit:* Wann fällt es mir schwer, mich offen zu äußern?
- *Die Ja-Nein-Medaille:* Bei wem und wozu kann ich schlecht Nein sagen?
- *Das Herz der Gefühle:* Welche Gefühle verdränge ich?
- *Die Sauerstoffmaske der Selbstfürsorge:* In welcher Hinsicht vernachlässige ich die Sorge für mich selbst?

- *Der Spiegel der Selbstkonfrontation:* Wo gehe ich zu großzügig mit der Wahrheit um?
- *Der Schlüssel der Hoffnung:* In welchen Lebensbereichen habe ich die Hoffnung auf Veränderung bereits aufgegeben?
- *Der Hut der Weisheit:* In welchen Bereichen meines Lebens bin ich zu impulsiv und drücke mich vor schwierigen Fragen?
- *Die Plakette des Mutes:* Für welches dieser Module brauche ich am meisten Mut?

Wenn wir aufhören, andere oder die Umstände für unsere Situation verantwortlich zu machen, und die Freiheit nutzen, die Gott uns als Einzelnen gegeben hat, dann wird sich das Gefühl der Hilflosigkeit in Luft auflösen. Wir merken, dass nicht wir für die Entscheidungen anderer verantwortlich sind, sondern die anderen. Wir können andere nicht verändern, aber uns selbst können wir verändern – mit Gottes Hilfe.

Das führt uns nun zu einer weiteren Frage: Wie können wir am Leben anderer mitfühlend Anteil nehmen, uns um sie sorgen und ihnen zugleich den nötigen Freiraum lassen, zu reifen und die Verantwortung für ihre eigenen Entscheidungen und Herausforderungen zu übernehmen (s. Galater 6,2.4)?

6
Schluss mit Überengagement

Überengagement bedeutet: Wir tun etwas für andere, was sie eigentlich selbst tun könnten und auch sollten. Gewinnen tut dabei niemand, im Gegenteil: Beide Seiten verpassen die nötigen Schritte zur eigenen Reife. Allerdings ist das immer eine Beziehung auf Gegenseitigkeit. Da ist einer, der anderen zu viel abnimmt, und ihm direkt auf den Fersen folgt ein anderer, dem das gerade recht ist. Das gefährdet Freundschaften, Ehen, Gemeinden, Kollegenteams und Familien. Ich weiß es, denn ich habe selbst viele Jahre so gelebt.

Das Gedicht „Das rote Kleid von Millies Mutter" von Carol Lynn Pearson beschreibt eindrucksvoll, wie viel Schaden solch ein Überengagement anrichtet. Millies Mutter liegt im Sterben und in ihrem Schrank hängt ein schönes, rotes Kleid – ungetragen. In einem letzten Gespräch mit ihrer Tochter erzählt sie, wie sehr sie es bereut, dass manche Erkenntnis im Leben für sie zu spät gekommen ist.

> Ich dachte immer,
> eine gute Frau nimmt sich stets zurück,
> sie arbeitet immer nur für andere.
> Tu dies, tu das; kümmere dich nur
> um die Wünsche der anderen und achte darauf,
> dass deine stets am Ende der Liste stehen.
> Vielleicht kommst du eines Tages bei ihnen an,
> natürlich blieb das Wunschdenken für mich.
> So war mein Leben – das tat ich für deinen Vater,
> für die Jungs, für deine Schwestern, für dich.
>
> „Du hast getan, was eine Mutter tut."
>
> O Millie, Millie, aber es war nicht gut —
> für dich – für ihn. Siehst du es nicht?
> Ich habe dir Schlimmes angetan.
> Ich bat um nichts — für mich!

Als dein Vater die Diagnose hörte,
kam er zu mir und beschwor
mich mit den Worten:
„Du darfst nicht sterben. Hörst du?
Was wird dann aus mir?"
Es stimmt, wenn ich gehe, wird es schwer.
Nicht einmal die richtige Pfanne findet er.

Ich sehe, wie deine Brüder
heute ihre Frauen behandeln,
und es macht mich krank, denn ich war es doch,
die es sie lehrte. Und sie haben gelernt.
Sie lernten, dass eine Frau überhaupt
nur existiert, um zu geben …
Ich kann mich nicht einmal erinnern,
wann ich in der Stadt war,
um etwas Schönes zu kaufen – nur für mich.

Außer im letzten Jahr, als ich das rote Kleid kaufte.

O Millie — ich dachte immer: Wenn du in dieser Welt
nichts für dich selbst nimmst,
gehört dir in der kommenden alles.
Das glaube ich nicht länger.
Ich glaube, Gott möchte, dass wir etwas haben –
jetzt – und hier …

Ich habe es so lange aufgeschoben,
ich wüsste gar nicht, wie es ist,
selbst an der Reihe zu sein …

Tu mir einen letzten Gefallen, Millie:
Mach es anders.
Versprich es mir.[1]

Erst am Ende ihres Lebens merkt Millies Mutter, dass sie mit ihrem
Verhalten weder ihrer Familie noch sich einen guten Dienst erwiesen
hat. Sie hat zu viel getan und dabei nur verloren; und alle in der Familie haben Schritte verpasst, die für die Entwicklung zu einer reifen

Persönlichkeit notwendig gewesen wären. Sie hat ihnen Dinge abgenommen, die jeder selbst hätte tun können und sollen. Am Ende bleibt nur tiefes Bedauern über den Schaden, den die Mutter damit angerichtet hat.

Vom Ende der Liste an den Anfang

Finden Sie sich in Millies Mutter wieder? Ich mich schon. Mehrere Jahre habe ich „am Ende der Liste" gestanden. Auch ich kümmerte mich immer nur um andere, ich selbst kam immer zuletzt. Für unsere Töchter war ich Hauptansprechpartnerin. Ich habe den Haushalt geschmissen, alle Bankgeschäfte erledigt, unsere Termine im Auge behalten. Ich habe unseren Urlaub geplant und mir das Programm für freie Tage ausgedacht. Ich habe mich um besondere Familienzeiten gekümmert, an Geburtstagen Horden von Kindern bespaßt und unsere Töchter zu Kinderarzt und Zahnarzt begleitet. Ich habe geputzt, gekocht, gewaschen und eingekauft. Ich habe jede Woche Gemeindegruppen unterhalten und jeden Monat Übernachtungsgäste aufgenommen und versorgt. Mein Leben hätte Superwoman alle Ehre gemacht. Ich arbeitete für drei.

Pete hat sich zu Hause zurückgehalten, weil all seine Kraft und Energie in die Gemeinde floss. Dort hat er für drei gearbeitet und bei ihm war es der Gemeindedienst, der Superman alle Ehre gemacht hätte. Dadurch kam es für die Familie zu einer „Unterversorgung", die ich auffing. Ich würde sogar sagen, dass mein Überengagement zu Hause Petes Überengagement in der Gemeinde erst möglich machte. Für meinen Mann und unsere Töchter erledigte ich vieles, was sie selbst hätten erledigen können und auch sollen.

Irgendwann war ich müde, erschöpft und verbittert und dadurch sarkastisch und mäkelig. Unsere Situation allerdings hat das nicht grundlegend verändert. Pete war zwar mitunter mit den Kindern bei einem Fußballturnier in der Schule, war aber auch dort ständig per Handy erreichbar. Als ich mich auf den Weg in Richtung einer emotional gesunden Spiritualität machte, merkte ich, dass nicht Pete das

Problem war, sondern ich. Wenn ich wollte, dass Pete sich zu Hause mehr engagierte, dann musste ich mein übergroßes Engagement reduzieren. Ich konnte ihn nicht länger vor den Konsequenzen seines fehlenden Engagements als Ehemann, Vater und Familienmitglied beschützen. Wenn er sich nicht kümmerte, dann spielte unsere Tochter eben nicht in der nächsthöheren Fußballliga. Wenn er das Gästezimmer nicht herrichten wollte, würde eben niemand mehr bei uns übernachten.

Ich entdeckte, dass die Mitglieder meiner Familie durchaus in der Lage waren, die Waschmaschine zu bedienen – selbst Pete. Und ich merkte, dass die Erwartungen hinsichtlich der Erziehungsarbeit neu verhandelt werden mussten. Ich wollte nicht länger Hauptansprechpartnerin für unsere Kinder sein; ich wollte, dass Pete einen gleichwertigen Anteil an der Kindererziehung leistete und die Last der emotionalen, schulischen, körperlichen und spirituellen Bedürfnisse unserer Töchter mit mir teilte. Ich wollte auch nicht mehr jeden Tag kochen. Pete konnte doch lernen, wie man ein schmackhaftes Essen zubereitet, und mich zwei Tage in der Woche in der Küche entlasten. Diese Veränderungen durchzusetzen war kein Spaziergang, das kann ich Ihnen sagen. Meine Familie und besonders meine Schwiegermutter (sie hat italienische Wurzeln) zählte nicht gerade zu meinen stärksten Unterstützern.

Wir tun zu viel, wenn wir anderen abnehmen, was sie selbst tun können.

Pete musste sich mit seinem Verhalten auseinandersetzen – seinem Überengagement in der Gemeinde und seiner Zurückhaltung zu Hause. Darüber war er überhaupt nicht glücklich – zumindest am Anfang nicht, und besonders nicht bei Themen wie Kochen und Waschen. Aber mit der Zeit hat er einiges gelernt. Anfangs nahm die Qualität unserer Mahlzeiten dramatisch ab. Solange um 18.00 Uhr etwas auf dem Tisch stand und ich mir keine Gedanken darüber machen musste, wie es dorthin gekommen war, war es mir allerdings egal.

Unsere Töchter hatten mit den Veränderungen mehr Probleme als Pete. Ihre Sorge äußerte sich in Wut. „Mütter müssen kochen. Du bist gemein!", schrie Faith. Eva beschwerte sich: „Dads Essen schmeckt furchtbar. Ich werde bestimmt verhungern." Sie hatte nicht ganz unrecht, Pete musste noch viel lernen. Aber ich blieb hart und war fest entschlossen, mehr Ausgeglichenheit in mein Leben zu bringen.

Trotz anfänglicher Verärgerung merkte Pete schnell, dass er die gemeinsame Kindererziehung sehr genoss. Sein mehr als fordernder Gemeindedienst ging anfangs unverändert weiter, aber je mehr Verantwortung er zu Hause übernahm, desto mehr Aufgaben delegierte er. Und irgendwann wurde ihm klar, dass sein Arbeitspensum eigentlich eine Überforderung gewesen war.

Pete strukturierte seinen Gemeindedienst anders. Neue Projekte konnten nur unter Berücksichtigung seiner häuslichen Verantwortung geplant werden. Er nahm das Tempo aus der Gemeindearbeit heraus und kappte zum Beispiel große missionarische Veranstaltungen, die zu viel Zeit und Energie forderten. Sein Wortschatz erweiterte sich um Begriffe wie „gottgegebene Grenzen". Er ordnete seine Prioritäten neu und lernte es, Projekte abzulehnen, die sich negativ auf sein neues Engagement in Ehe und Familie auswirkten, auch wenn er damit manche Gemeindemitarbeiter enttäuschte. Das Interessante daran war: Trotz dieser Veränderungen wuchs die Gemeinde weiter.

Kennzeichen für Überengagement

Ich will es noch einmal sagen: Überengagement bedeutet, dass wir anderen Dinge abnehmen, die sie selbst tun können und sollen. Dieses Verhalten ist mehr als eine schlechte Angewohnheit; es ist ein Unkraut, dessen Wurzeln häufig über mehrere Generationen der Herkunftsfamilie zurückverfolgt werden können. Seine dornigen Zweige wuchern in viele Lebensbereiche hinein: Arbeit, Erziehung, Ehe, Gemeinde, Freundschaften.

Für solch ein Überengagement gilt nicht die Formel „alles oder nichts". Es bewegt sich vielmehr auf einer Skala, die von schwach bis sehr ausgeprägt reicht. Wenn Sie die folgenden Aussagen bewerten, werden Sie merken, wo Sie auf dieser Skala stehen. Kreuzen Sie die Sätze an, die für Sie zutreffen.

☐ Ich weiß im Allgemeinen, wie man etwas richtig macht.

☐ Ich bin schnell dabei, wenn es darum geht, einen Rat zu geben oder etwas wieder in Ordnung zu bringen.

☐ Ich kann schlecht zusehen, wie sich jemand mit seinen Problemen herumschlägt.

☐ Langfristig ist es einfacher, wenn ich alles selbst mache.

☐ Ich traue anderen nicht zu, die Dinge genauso gut zu erledigen wie ich.

☐ Ich komme Bitten oft nach, selbst wenn ich eigentlich keine Kapazitäten mehr frei habe.

☐ Ich wirble nicht gerne Staub auf, da decke ich lieber die Fehler der anderen.

☐ Andere beschreiben mich als „stabil", als jemanden, der „alles im Griff hat".

☐ Ich bitte nicht gerne um Hilfe, weil ich keine Last sein will.

☐ Ich finde es schön, gebraucht zu werden.

Haben Sie bis zu drei Kästchen angekreuzt, sind Sie gefährdet, zu viel zu tun; haben Sie vier bis sieben Kästchen angekreuzt, befinden Sie sich ungefähr in der Mitte der Skala; ab acht angekreuzten Kästchen haben Sie ein Problem!

Fünf schwerwiegende Folgen von Überengagement

Es erscheint leicht und allzu verlockend, den Schaden zu ignorieren, den wir uns und anderen durch ein zu großes Engagement zufügen. Aber es geht hier nicht um eine Lappalie. Vielmehr hat Überengagement mindestens fünf schwerwiegende Folgen: Es führt in die Verbitterung, verhindert den Reifeprozess, lenkt uns ab von unserer eigentlichen Berufung, schadet der eigenen Gottesbeziehung und zerstört Gemeinschaft.[2]

Kennen Sie die Geschichte von Maria und Marta aus Lukas 10? Marta zeigt das klassische Verhalten einer Frau, die viel zu viel tut. Sie erwartet hohen Besuch – Jesus und seine zwölf Jünger – und steckt mitten in den Essensvorbereitungen. Auf ihrer Aufgabenliste steht unter anderem: Zutaten aus dem Garten holen oder einkaufen; Tisch decken; kochen; Matten, Tische und Teller vom Nachbarn ausleihen; putzen; einen Musiker für die richtige Hintergrundbeschallung besorgen; Essen auftragen; aufräumen und, vielleicht das Wichtigste, dafür sorgen, dass alles perfekt wird. Die Vorbereitungen laufen reibungslos und doch ist Marta wütend. Ihre Schwester Maria sitzt einfach bei Jesus und genießt die Gemeinschaft mit ihm – etwas, wofür Marta viel zu aufgebracht ist.

Martas Überengagement kommt unter dem Deckmantel der Fürsorglichkeit und Gastfreundschaft daher. Sie will zu viel auf einmal tun und verliert dabei nicht nur sich selbst aus dem Blick, sondern auch den eigentlichen Zweck ihrer Schufterei – ihre Gäste herzlich willkommen zu heißen und dafür zu sorgen, dass sie sich wohlfühlen. Dass andere Menschen einem wichtig sind, heißt nicht, dass man ihnen gleich alles abnimmt.

Marta ist mir näher, als ich zugeben möchte. Was ich für den größten Teil meines Lebens als Christin für Fürsorglichkeit oder Anteilnahme gehalten habe, war eigentlich etwas anderes: Ich übernahm erheblich mehr Verantwortung für andere, als Gott von mir erwartete. Dazu gehörten Babysitten, Fahrdienste, Spenden, ungebetene Ratschläge für meine Teenie-Töchter, überflüssiges Hemdenbügeln für Pete und permanente Verfügbarkeit für Menschen in Krisensituationen.

Einmal hatte Pete zwei prominente Größen der christlichen Welt zu uns zum Essen eingeladen. Wie immer bei solchen Gelegenheiten, brachte ich die Wohnung auf Vordermann und überforderte mich mit der Vorbereitung eines aufwendigen Menüs. Bereits zwei Tage vorher begann ich mit dem Kochen: selbst gemachte Muschelsuppe, selbst gebackenes Brot und als krönenden Abschluss selbst gebackener Schokoladenkuchen. All das mit einem Baby auf der Hüfte und einem Krabbelkind am Rockzipfel.

Leider war ich fest davon überzeugt, dass allein meine Küchenstrapazen bedeuteten, dass unsere Gäste mir wichtig waren. Aber wie Marta war auch ich müde, zickig und ungeduldig. „Das ist mir alles zu viel", beklagte ich mich. „Warum hilft mir eigentlich niemand!"

Als einer der Gäste ganz nebenbei bemerkte, dass er nicht hungrig sei und elegant seinen Teller beiseiteschob, war ich am Boden zerstört. „Wie kann er all meine harte Arbeit so missachten?", beschwerte ich mich später bei Pete.

Erst Jahre später wurde mir klar, dass ich mich um Menschen kümmern konnte, ohne mich zu sehr zu engagieren. Ein Abend wird mir dabei besonders in Erinnerung bleiben, an dem ganz klar wurde, dass ich es endlich begriffen hatte. Wir hatten wieder einmal einen Übernachtungsgast. Ich habe aufgeräumt, aber nicht alles blitzblank gewienert. Ich habe ein leckeres, aber überhaupt nicht aufwendiges Essen serviert. Und ich bin bei allen Vorbereitungen sehr entspannt mit den Kindern umgegangen.

> Dass andere Menschen einem wichtig sind, heißt nicht, dass man ihnen gleich alles abnimmt.

Nach dem Essen haben wir im Wohnzimmer noch bei einer Tasse Kaffee zusammengesessen. Unser Gast, ein Kollege von Pete, hat viel erzählt, und ich habe einfach nur zugehört und dabei sehr deutlich gespürt, dass Christus mit im Raum war. Wenn eines der Kinder etwas brauchte, kümmerte Pete sich darum. In der Spüle stapelte sich das schmutzige Geschirr, aber das konnte ich aushalten. Ich konnte ganz da sein, bei mir, bei Pete und bei unserem Gast. Mir fiel die liebevolle Einladung ein, die Jesus an Marta adressiert: „Du bist um so vieles besorgt und machst dir so viel Mühe. Nur eines aber ist wirklich wichtig und gut" (Lukas 10,41). Und ich merkte: Diese Einladung galt auch mir.

Mose ist ein überengagierter Anführer, der irrtümlicherweise glaubt, seine Selbstaufopferung sei für das Volk Israel eine Hilfe. Von morgens bis abends spricht er Recht und schlichtet die vielen Streitigkeiten, die bei dem engen Zusammenleben der Israeliten gar nicht zu vermeiden sind. Er ist so überfordert und erschöpft, dass ihm die Kraft fehlt, nach einer Alternative zu suchen. Es braucht einen Dritten, nämlich seinen Schwiegervater Jitro, damit das zur Sprache kommt, was sowieso offensichtlich ist: „So, wie du es machst, ist es nicht gut! Die Aufgabe ist für dich allein viel zu groß. Du reibst dich nur auf und auch die Leute sind überfordert" (2. Mose 18,17.18). Moses Leben verändert sich grundlegend, als er Jitros Rat befolgt und Richter einsetzt, die die alltäglichen Fälle bearbeiten. Bis zu dem Zeitpunkt, als Mose zulässt, dass andere ihren Teil der Verantwortung übernehmen, ist er selbst das größte Hindernis für Wachstum und Reife seines Volkes.

Aber alte Gewohnheiten lassen sich nur schwer verändern. In 4. Mose 11 lesen wir, wie Moses Überengagement ihn erneut in Schwierigkeiten bringt, als sich das Volk Israel über mangelnde Fleischrationen beklagt. Die Leute wollten einfach nicht lernen, Gottes Verheißungen auch in problematischen Situationen zu vertrauen. Stattdessen fordern sie von Mose eine Lösung. Der übernimmt bereitwillig die Rolle des Superhelden und die volle Verantwortung für die Klärung des Fleischproblems. Leider legt er damit nicht nur ein selbstzerstörerisches Verhalten an den Tag – wieder einmal –, sondern trägt weiter aktiv zur Unreife des Volkes Israel bei.

Die Frage, die Mose sich damals hätte stellen müssen, ist auch für uns heute aktuell:
Ist es ein Ausdruck von Liebe, wenn …

- wir unsere Kinder vor festen Aufgaben im Haushalt verschonen, weil wir uns ihr Meckern und ihre Ablehnung ersparen wollen?
- wir jemanden, den wir lieben, davon abhalten, für das persönliche Wachstum und den Erfolg notwendige Risiken einzugehen, weil

wir ihm/ihr das Gefühl von Unzulänglichkeit und Unsicherheit ersparen wollen?

- wir alles selbst erledigen, was für eine erfolgreiche Kleingruppe (oder einen anderen Bereich der Gemeindearbeit) notwendig ist – Wohnzimmer zur Verfügung stellen, Thema vorbereiten, Gespräch leiten, Getränke bereitstellen, aufräumen, Ansprechpartner für neue (und alte) Mitglieder sein, beten, gemeinsame Unternehmungen planen und einen Nachwuchsleiter betreuen – und andere nicht dazu ermutigen, ihren Teil der Verantwortung zu übernehmen?
- wir zulassen, dass Gemeinde ein Zuschauersport wird, in dem auf wenigen Schultern die Verantwortung für viele liegt?

Überengagement will uns eine Lüge einflüstern. Sie lautet: Du bist doch hier Dreh- und Angelpunkt. Wenn du aufhörst, bricht alles zusammen. Tatsächlich ist aber das Gegenteil wahr: Je größer unser Engagement ist, desto weniger Anlass besteht für andere, notwendige Veränderungen vorzunehmen. Wenn wir aufhören, Superheld zu sein, kann Gottes Werk in anderen zum Zuge kommen. Und nicht nur das: Auch wir selbst und Menschen in unserem Umfeld werden profitieren. Legen wir dagegen unser Verhalten nicht ab, ist damit die anhaltende Unreife anderer praktisch garantiert.

Soll jemand, der sich bisher zurückgehalten hat, Verantwortung übernehmen, müssen wir „Überengagierten" aufhören, der Rettungsring zu sein, auf den andere permanent zugreifen können. Verantwortung zu übernehmen ist immer eine Herausforderung, in jedem Lebensbereich – Finanzen, Spiritualität, Emotionen, Beziehungen. Auf kurze Sicht scheint keine attraktive Belohnung zu winken und deshalb werden nur wenige den ersten Schritt von sich aus wagen. Das ist ja auch nicht nötig, denn die Verantwortung trägt schließlich ein anderer. Sich zurückzunehmen in Dingen, die andere selbst tun können und sollen, erscheint anfangs hart, ist aber im Grunde ein Akt der Liebe.

Überengagement lenkt ab von der eigentlichen Berufung

Am Ende seines Lebens sagt Jesus zu seinem Vater im Himmel: „Ich habe hier auf der Erde den Menschen gezeigt, wie herrlich du bist. Ich habe deinen Auftrag erfüllt" (Johannes 17,4). Jemand, der zu viel tut und andere damit in ihrer Entwicklung hemmt, wird das am Ende seines Lebens wahrscheinlich nicht sagen können. Für die kurze Zeit, die Christus hier auf der Erde verbracht hat, hatte Gott einen Plan, und das hat er auch für Ihr und mein Leben. Die ganz individuelle Berufung, die Gott für uns hat, werden wir allerdings verpassen, wenn wir uns zu sehr auf andere konzentrieren.

Zu großes Engagement für andere bedeutet zu wenig Engagement für mich. Wir verlieren eigene Werte, Überzeugungen und Ziele aus den Augen, und genau das passierte auch Mose. Er war so beschäftigt mit den Problemen seines Volkes, dass die Ziele für sein eigenes Leben überhaupt keine Rolle mehr spielten. Wenn man sich ausmalt, was mit Mose und den Israeliten geschehen wäre, hätte Mose nicht auf Jitro gehört, macht sich Ernüchterung breit. So wie Mose sind auch wir manchmal zu nah an einer Person oder einer Situation dran, als dass wir unterscheiden könnten, ob unsere Anstrengungen mehr nützen oder mehr schaden. Moses Lebensauftrag war klar: Er sollte Israel ins Gelobte Land bringen. Hätte er auf der Überzeugung beharrt, er allein könne die Streitfälle des Volkes schlichten, hätte er diesen Auftrag nie erfüllt.

> „Ist das Leben, das ich führe, das Leben, das Gott für mich im Sinn hat?"

Als Mutter von vier Kindern und Frau eines mehr als engagierten Pastors kann ich den Versuchungen des Überengagements nur schwer widerstehen. Manchmal scheint es einfacher, sich auf die Bedürfnisse anderer zu konzentrieren, als Zeit und Energie zu investieren, um mir über meine persönlichen Ziele klar zu werden. Ich muss mir regelmäßig die Frage stellen: „Ist das Leben, das ich führe, das Leben, das Gott für mich im Sinn hat? Wie bringe ich meine Rolle als Ehefrau und Mutter mit meinen ganz eigenen Interessen, Begabungen und Grenzen in Einklang, damit

Gottes einzigartiger Auftrag für mein Leben nicht von Gemeinde und Familie überlagert wird?"

Pete und ich arbeiten seit vielen Jahren zusammen und meist genieße ich das auch. Aber es kommt immer wieder vor, dass ich zu einem seiner Projekte Nein sagen muss, weil es nicht zu meinen persönlichen Zielen passt. Früher habe ich immer zu allem Ja gesagt und war dann müde und unzufrieden, weil – was mir zu dem Zeitpunkt nicht klar war – Gott zu manchen Aufgaben eben nur Pete berufen hatte und nicht mich.

Denken Sie einen Moment über Ihr Leben nach: Kümmern Sie sich so viel um andere, dass Sie eigene Bedürfnisse und Ziele ganz aus den Augen verloren haben? Nehmen Sie sich bei allem, was Sie für andere tun – Kinder, Ehepartner, Freunde, Verwandtschaft, Kollegen – regelmäßig Zeit für folgende Fragen:

- Bin ich so, wie ich in dieser Situation eigentlich sein will?
- Nehme ich anderen Dinge ab, die sie selbst tun können und sollen?
- Lebe ich im Einklang mit meinen Werten?
- Ist dies die Aufgabe/Arbeit, zu der Gott mich ganz persönlich berufen hat?
- Gibt es etwas, was ich möchte, aber nicht bekomme?
- Welches Ergebnis erziele ich, das ich eigentlich gar nicht will?
- Gibt es etwas, was ich gerne tun würde, aber nicht tue?
- Gebe ich etwas, was ich eigentlich gar nicht geben will?
- Was würde ich mit der zusätzlichen Zeit anfangen, die mir zur Verfügung steht, wenn ich mein Überengagement einstelle?

Das sind schwierige und herausfordernde Fragen. Jedem Menschen sind durch Lebensumstände, Familie und Arbeit bestimmte Zwänge auferlegt. Daher erfordern die Antworten auf diese Fragen sorgfältiges Nachdenken und Planen; bestimmte Entscheidungen machen Gespräche und Absprachen erforderlich. Als ich zum Beispiel entschied, mehrmals in der Woche vor dem Schlafengehen eine halbe Stunde zu lesen, habe ich mir die Zeit dafür einfach freigeschaufelt. War allerdings ein mehrtägiges Seminar oder ein Wochenende mit Freundinnen geplant, habe ich das mit Pete abgesprochen, weil meine Entscheidung nicht nur mit mir, sondern auch mit ihm, den Kindern und unseren Finanzen zu tun hatte.

Sie können Dinge verändern, beenden oder neu anfangen, um den individuellen Auftrag, den Gott auch für Ihr Leben hat, gesünder und besser umzusetzen. Der Schlüssel dafür liegt darin, dass Sie die Richtung Ihres Lebens im Blick behalten und gleichzeitig mit den wichtigen Menschen in Ihrem Leben im offenen und klaren Gespräch bleiben.

Überengagement schadet der eigenen Gottesbeziehung

Auf dem Höhepunkt ihrer exzessiven Gästebetreuung erteilt Marta Jesus einen als Frage verkleideten Befehl: „Kannst du ihr nicht sagen, dass sie mir helfen soll?" (Lukas 10,40) Durch ihr übergroßes Engagement verpasst sie nicht nur eine Gelegenheit, seine Freundschaft und Liebe zu erfahren, sie ist zudem noch gereizt. Sie glaubt, besser als Jesus zu wissen, was ihre Schwester zu tun und zu lassen hat.

Nur Christus ist der Retter. Wir sind aufgerufen, ihm zu vertrauen und uns seiner Liebe zu überlassen. Wenn wir allerdings anfangen, selbst die Verantwortung für Gottes Welt zu übernehmen, begeben wir uns auf gefährliches Terrain, mitten hinein in die Rebellion unserer Vorfahren Adam und Eva.

Ein klares Anzeichen, dass ich dem Überengagement erlegen bin, ist das Gefühl, keine Zeit mehr für Gott zu haben. Um dieser Versuchung zu widerstehen, helfen mir einige geistliche Übungen: die Sabbatruhe einzuhalten, Stille und Alleinsein. Gott hat es so vorgesehen, dass wir sechs Tage arbeiten und einen Tag ausruhen. Ich weiß genau, dass ich dazu neige, mich an zu vielen Stellen zu sehr zu engagieren, und deshalb ist der Sabbat für mich wichtig; hier lasse ich Gott Zeit, das zu tun, was nur er tun kann – in mir und in meinem Umfeld.

In diesem Zusammenhang ist mir ein Freitagnachmittag in besonderer Erinnerung geblieben. Um 18 Uhr sollte mein Sabbat beginnen. Ich hatte anstehende E-Mails, Anrufe und Besorgungen erledigt, den Computer heruntergefahren, Wäsche zusammengelegt, meinen

Part im nächsten Sonntagsgottesdienst vorbereitet und die Wohnung aufgeräumt. Als ich symbolisch das Licht ausschaltete, um so offiziell meinen Sabbat einzuläuten, betete ich: „Gott, ich hab jetzt Dienstschluss. Die nächsten vierundzwanzig Stunden bist du zuständig."

Es war, als wenn sich in meinem Inneren ein Schalter umlegte. Ich stieß einen Seufzer der Erleichterung aus, als mir klar wurde, dass ich die nächsten vierundzwanzig Stunden tatsächlich nichts mehr tun musste. Ich würde Gott die Kontrolle über das Universum überlassen. Ich war frei.

Mein Gebet zum Beginn meines Sabbats: „Gott, ich hab jetzt Dienstschluss. Die nächsten vierundzwanzig Stunden bist du zuständig."

Wie sieht es in Ihrem Leben aus? Können Sie Gottes Einladung zum Innehalten und Ausruhen annehmen in dem Wissen, dass er durchaus in der Lage ist, mindestens jeden siebten Tag die Welt ohne Sie zu managen? Oder stecken Sie in der „Marta-Falle" fest, in der Sie sich so für andere engagieren, dass Ihre Beziehung zu Gott und Ihr geistliches Leben daran Schaden nehmen?

Reifer Glaube zeigt sich unter anderem daran, dass Sie sich Gottes Allmacht und seiner rettenden Kraft anvertrauen und in ihr ruhen und der Versuchung zum Überengagement widerstehen.

Zu viel oder zu wenig Engagement – Gott möchte beides nicht. Vielmehr lädt er uns ein, Verantwortung für unser eigenes Leben zu übernehmen statt ein Übermaß an Verantwortung für andere.

Überengagement zerstört Gemeinschaft

Mose und Marta zeigen deutlich, welche negativen Auswirkungen ein Übermaß an Engagement auf die Gemeinschaft mit anderen hat. In der in 4. Mose 11 beschriebenen „Versorgungskrise" ist die Atmosphäre so vergiftet, dass Mose am Leben verzweifelt. Er bittet Gott: „Wenn es so weitergehen soll, bring mich lieber gleich um!" (4. Mose 11,15). Und auch bei Marta ist die Lage keinen Deut besser. Stellen Sie sich vor, Sie sind bei ihr zu Gast und wollen zusammen mit Jesus das hervorragende Essen genießen, während Marta durchs Haus hastet, wütend vor sich hin murmelt und giftige Blicke in Richtung ihrer Schwester wirft. Nicht gerade das, was man sich unter einer entspannten Mahlzeit vorstellt!

Wenn mein Ehepartner oder mein Teenager-Kind zu wenig Engagement zeigt und ich das durch ein Übermaß an Engagement ausgleiche, um die Beziehung aufrechtzuerhalten, verfälscht mein Verhalten den Zweck, den Gott sich ursprünglich für Gemeinschaft ausgedacht hatte. Wenn wir mit unserem Handeln innerhalb dessen bleiben, was Gott in uns hineingelegt hat, behält die Wahrheit die Oberhand und Beziehungen sind geprägt von „Liebe, Freude, Frieden, Geduld, Freundlichkeit, Güte, Treue, Besonnenheit und Selbstbeherrschung" (Galater 5,22.23). Zu viel oder zu wenig Engagement hingegen mündet in Streit, Konflikten, Vorwürfen, Hilflosigkeit, Wut und Verzweiflung.

Der Autor Ed Friedman beschreibt die negativen Konsequenzen, die Überengagement auf Beziehungen hat: „Zu großes Engagement im Lebensraum eines anderen Menschen kann zur Desintegration des Seins dieses anderen führen."[3] Mir gefällt der Begriff „Desintegration", denn er drückt aus, dass Wachstum und Reifeprozess eines Menschen blockiert werden und folglich der Sinn verfehlt wird, den Gott geben will. Wer zu viel Verantwortung für andere übernimmt, meint genau zu wissen, was für ihn oder sie am besten ist, und zwingt andere damit in Grenzen, die deren ureigene (und notwendige) Entwicklung behindern.

Das geschieht zum Beispiel, wenn Eltern ihrer vierzehnjährigen Tochter Entscheidungen abnehmen, um sie vor der bösen Welt zu beschützen. Sie planen das Freizeitprogramm, wählen Kleidung aus und arrangieren vielleicht sogar Freundschaften. Erwachsene Kinder werden in ihrem Wachstum blockiert, wenn sie zwar zu Hause wohnen, aber weder emotional noch finanziell zur häuslichen Gemeinschaft beitragen. Arbeitgeber verhindern Eigeninitiative und Kreativität, wenn sie stets Retter in der Not sind, anstatt ihre Angestellten Probleme bis zum Ende ausfechten zu lassen. Leiter von Gemeinden, aber auch Mitglieder, die ohne Rücksicht auf eigene Grenzen und Schwächen immer einspringen, wenn irgendwo Mitarbeiter fehlen, verstärken noch den eventuell bestehenden Hang anderer, sich allzu wenig einzubringen.

Eine gesunde Gemeinschaft sein heißt: Menschen übernehmen Verantwortung, und zwar passend zu Alter, Lebensphase, Gaben und Fähigkeiten. Wer nur ungern Verantwortung übernimmt, wird wahrscheinlich nicht den ersten Schritt tun. Deswegen müssen diejenigen, die geneigt sind, zu viel des Guten zu tun, sich zunächst einmal mit sich selbst auseinandersetzen. Dann besteht die reelle Chance, dass auch die anderen sich auf die lebensverändernde Reise in Richtung spiritueller und emotionaler Reife begeben.

> *Wer zu viel Verantwortung für andere übernimmt, zwingt sie damit in Grenzen, die deren ureigene (und notwendige) Entwicklung behindern.*

Wer dazu neigt, sich zu sehr zu engagieren, wird es kaum schaffen, die Bequemen zu mehr Verantwortung zu drängen. Aber selbst weniger Verantwortung zu übernehmen, ist durchaus möglich. Und dadurch wird erreicht, was man vielleicht als Minimalziel bezeichnen könnte: Gemeinschaft funktioniert authentischer, mit weniger Frust, Erschöpfung, Wut und der Distanzierung, die so häufig mit unangemessenen Rettungsversuchen und allzu konkreten Entscheidungshilfen einhergeht.

Ausstieg aus dem Überengagement?

Aus einer Neigung zu Überengagement auszusteigen, ist leichter gesagt als getan. In der Gestaltung unserer Beziehungen folgen wir häufig starren und bereits früh geprägten Mustern. Überengagement entsteht in der Herkunftsfamilie: Wir beobachten und übernehmen das beobachtete Verhalten unreflektiert. Will man dieses Verhalten aufgeben, regt sich daher starker Widerstand – innen wie außen.

Das Problem wird als solches oft nicht erkannt – schließlich wollen wir doch eigentlich nur helfen(!) –, und so ist eine Veränderung schwierig und mit Angst verbunden. Der Ausstieg aus dem Überengagement geschieht in vier Phasen, die – will man dabei einigermaßen gelassen bleiben – der Reihe nach durchlaufen werden müssen. Diese Phasen sind: Überengagement eingestehen, ein Erdbeben auslösen, mit dem Chaos rechnen und konsequent bleiben. Jede Phase, die wir durchlaufen, führt zu mehr Reife in der Beziehung zu Gott, zu anderen und zu uns selbst.

Gestehen Sie sich ein, dass Sie überengagiert sind

Überengagement kommt in vielfältiger Form daher. Dem Partner den Hemdknopf anzunähen (der das problemlos selbst tun könnte), kann ebenso dazugehören wie die wiederholte Finanzspritze für bereits erwachsene Kinder. Alarmzeichen sind dabei individuell verschieden und müssen von jedem Einzelnen für sich entdeckt werden. Ich zum Beispiel werde aufmerksam bei dem Gedanken, alles um mich herum würde zusammenbrechen, wenn ich mich nicht um dies oder jenes kümmere.

Als die Kinder klein waren, war ich zu Hause, als sie dann zur Schule gingen, habe ich stundenweise gearbeitet. Irgendwann wurde mir ein sehr verlockender Job beim örtlichen CVJM angeboten: Gestaltung der Freizeitangebote an drei Nachmittagen pro Woche, jeweils von 15.00 bis 18.00 Uhr.

Sofort erschienen vor meinem inneren Auge diverse Hindernisse: Wie konnte ich den Zeitplan meines Mannes durcheinanderbringen? Sein Leben war ja bereits anstrengend genug, und nun würde er an diesen Nachmittagen Termine verlegen müssen, um die Mädchen von der Schule abzuholen, sie zu ihren Nachmittagsveranstaltungen zu fahren und zu kochen. Ich war mir sicher, dass Pete das konnte. Ob er es allerdings wollte, stand auf einem anderen Blatt! Auch die Kinder würden von der Veränderung ihrer Alltagsroutine alles andere als begeistert sein.

Alle möglichen Gedanken gingen mir durch den Kopf.

* „Keiner kann sich so um sie kümmern wie ich!"
* „Ich bringe bei Pete alles durcheinander. Das könnte jetzt wirklich zu viel Stress für ihn sein."

- „Die Kinder werden darunter leiden. Vieles wird nicht mehr klappen. Pete kommt oft zu spät und das wird ihnen Angst machen."
- „Vieles wird zusammenbrechen, wenn ich diesen Job annehme."

Der letzte Gedanke war wie ein Blitz, der mich zurückbrachte auf den Boden der Tatsachen und mir klarmachte, dass ich wieder einmal dabei war, in die „Falle Überengagement" zu tappen. Da wusste ich: Ich muss diesen Job annehmen. Und Pete und die Kinder würden sich auf die Veränderungen einstellen müssen. Dies war meine Chance, ein neues Kapitel in meinem Leben aufzuschlagen. Ich konnte etwas tun, was mir Spaß machte, und gleichzeitig zum Familieneinkommen beitragen.

Wenn Sie sich folgende Sätze sagen hören, wissen Sie, dass die Grenze zum Überengagement (fast) überschritten ist: „Weihnachten im Familienkreis wird ausfallen, wenn ich das nicht in die Hand nehme." – „Ich bin die Einzige, die das richtig machen kann." – „Es ist einfacher, wenn ich das selbst mache." – „Wie werden sie reagieren, wenn ich noch mehr von ihnen verlange?" Und dieses Wissen bereitet Sie auf die nächste Phase vor: das Auslösen des Erdbebens.

Lösen Sie ein Erdbeben aus

Wenn man in ein Beziehungssystem Veränderungen einbringt, ist es so, als löse man ein Erdbeben aus, das den Beteiligten den Boden unter den Füßen wegzieht und sogar fest verankerte Strukturen aufbrechen kann. Ein ähnliches Szenario beschwören Sie herauf, wenn Sie Ihre persönliche Identität entdecken, zurückerobern und neu leben. Sie geben zu, dass Sie sich zu sehr engagieren, und sind jetzt bereit für die Auflösung des Status quo. Die Regeln, nach denen Beziehungen bisher funktioniert haben, werden verändert. Was bisher war, ist vorbei. Es geht nicht länger darum, anderen zu sagen, was sie zu tun oder zu lassen haben, sondern vielmehr darum, was Sie in Zukunft tun oder lassen werden.

Verschiebungen in der Balance einer Beziehung gehören zu den größten Angstfaktoren überhaupt. Der Partner, der sich zu wenig engagiert, wird verunsichert, bekommt Angst und legt häufig ein kontraproduktives Verhalten an den Tag, nur um den ungesunden Originalzustand wiederherzustellen. Aber gerade das bietet allen Beteiligten auch die große Chance, im emotionalen und spirituellen Reifungsprozess rasch voranzukommen.

Wenn Sie Beziehungsmuster verändern, bleibt nichts beim Alten – aber es ist unvorhersehbar, wie sich die Dinge ändern.

Wie stark das Erdbeben wird, hängt ab von der individuellen Reife der Beteiligten, der Geschichte der Beziehung und der Bereitschaft, Hilfe von außen anzunehmen, sollte dies nötig werden. Überengagement zu beenden – selbst in zunächst unscheinbar anmutenden Punkten –, kann im buchstäblichen Sinne des Wortes eine „revolutionäre" Erfahrung werden, die alles bisher Dagewesene umwälzt und verändert.

Nachdem ich gründlich über das Angebot nachgedacht hatte, erzählte ich Pete davon und sagte auch gleich, dass ich es gerne annehmen würde. Innerlich hatte ich mich schon darauf eingestellt, dass er nicht bereit sein würde, sich auf diese große Veränderung einzulassen. Plan B für diesen Fall lautete, dass ich mich nach einer alternativen Kinderbetreuung umsehen würde. Glücklicherweise stimmte er zu, wenn auch etwas zögerlich.

Am selben Abend noch informierten wir die Kinder. Von ihnen kamen die Beschwerden, die ich eigentlich von Pete erwartet hatte: „Dad wird vergessen, uns abzuholen. Wir werden nie wieder pünktlich beim Fußballtraining sein." Wir wussten alle, wie zerstreut Pete manchmal sein kann, und die Bedenken der Kinder waren durchaus berechtigt.

„Ständig telefoniert er", beschwerten sie sich. „Dad kann das einfach nicht so gut wie du." Ich war mir zwar tatsächlich nicht sicher, ob das funktionieren würde, konnte meine Zweifel aber trotzdem überwinden.

Immer, wenn wir althergebrachte Verhaltens- und Lebensweisen aufgeben, wird unser Umfeld darauf reagieren – und nicht immer positiv. Es kann sein, dass Sie Appelle hören wie: „Sei doch wieder so wie früher" oder: „Wag das ja nicht!" Chaos bedeutet: Es ist unvorhersehbar, wie das Beziehungssystem nun funktionieren wird. Ich habe es noch nie erlebt, dass jemand sein Überengagement abgelegt hat, sprich den emotionalen und spirituellen Reifeprozess konkret in Gang brachte, ohne dass sich nicht wenigstens ein oder zwei Personen in seinem oder ihrem Umfeld daran gestört hätten.

Als ich die angebotene Stelle annahm, war nicht absehbar, wie sich das auf unsere Familiendynamik auswirken würde. Ich versuchte, mich auf ungewohnte Situationen vorzubereiten, wobei mir allerdings eines ganz klar war: Ich musste das Unbehagen meiner Familie ertragen und immer wieder bereit sein zu erklären, warum diese Arbeit so wichtig für mich war. Meine Entscheidung veränderte ein Muster, das in mehr als zehn Ehejahren sehr tief verankert worden war. Die Entscheidung war richtig, und doch machte mir mein schlechtes Gewissen zu schaffen.

Während der ersten Wochen kam Punkt 15.00 Uhr die Angst: „Denkt Pete wohl daran, die Kinder abzuholen?" Ich sah sie mutterseelenallein auf dem Schulhof stehen. „Was hast du dir nur dabei gedacht?", schalt ich mich. „So eine blöde Idee." Ich hatte Magenschmerzen und stellte mir alle möglichen schrecklichen Szenarien vor.

Aber dann beruhigte ich mich und erinnerte mich daran, dass die Schule niemals zwei sechs und neun Jahre alte Mädchen ohne Elternbegleitung auf die Straßen New Yorks schicken würde. Sie würden Pete anrufen und er würde kommen. Einige Male hat er es tatsächlich vergessen. Die Mädchen mussten im Büro des Direktors auf ihn warten und waren natürlich sauer. Manchmal gab es Terminprobleme in der Gemeinde. Dann bat er mich einzuspringen, was ich ablehnte. Wir hatten vereinbart, dass er sich in solchen Fällen um Ersatz bemüht. Aber es ist mir schwergefallen, mich nicht selbst um diese Probleme zu kümmern.

Es war auch nicht ungewöhnlich, dass Pete das Mittagessen vergaß. In den ersten Monaten kam es öfter vor, dass ich an der Haustür von hungrigen und natürlich verärgerten Kindern folgendermaßen begrüßt wurde: „Das klappt nicht mit Dad und dem Essen. Du sollst aufhören zu arbeiten und wieder zu Hause sein." Ich hörte mir ihre Beschwerden an, aber meinen Job habe ich behalten. Und ich versuchte ihnen deutlich zu machen, dass langfristig gesehen meine Entscheidung das Beste für uns alle war.

Ich bin konsequent geblieben. Und bald hatten sich alle an die neue Situation gewöhnt.

Bleiben Sie konsequent

Fest etablierte Beziehungsmuster sind nur schwer zu verändern. Daher müssen Sie mit Widerstand rechnen, wenn Sie beschließen, Ihr Überengagement zu beenden. Ziel dieser Phase ist, konsequent bei der einmal getroffenen Entscheidung zu bleiben; den Menschen um Sie herum ist Ihre neue Rolle noch fremd und alles Fremde löst zunächst einmal Unbehagen aus. Veränderungen wahrzunehmen und neu einzuordnen braucht Zeit. Und diese Zeit sollten Sie Ihrem Umfeld zugestehen – und sich selbst übrigens auch.

Bevor ich beim CVJM anfing, hielt ich mich für unersetzlich. Mit der Zeit stellte sich jedoch heraus, dass das nicht stimmt. Die Kinder brauchten mich nicht ständig und sie merkten sehr schnell, dass es für ihre Mutter ein Leben auch außerhalb der Familie gibt. Eine unserer Töchter bemerkte einmal beiläufig: „Hättest du gedacht, dass Dad so gut mit allem klarkommt?"

Veränderungen brauchen Zeit. Geben Sie sich und anderen diese Zeit.

Langsam gewöhnte sich unsere Familie an den neuen Rhythmus. Bis dahin hatte Pete ja noch nie ganze Nachmittage mit den Mädchen verbracht und er begann, diese Zeit zu genießen. Ohne mein Zutun entdeckte er seinen ganz eigenen Erziehungsstil und von da an bewältigten wir diese Aufgabe gemeinsam. Zu meiner Überraschung machte es ihm sogar Spaß.

Unseren Töchtern tat ebenfalls die Zeit gut, die sie mit ihrem Vater verbrachten. Sie fingen sogar an, seinen Erziehungsstil zu genießen, der so viel lockerer und flexibler ist als meiner. Inzwischen fragen sie sogar öfter: „Mama, wann gehst du denn wieder arbeiten?"

Und auch ich selbst lernte, mich zu entspannen und die neue Struktur im Familienleben zu genießen. Ich freute mich über das Gefühl, nicht länger unersetzlich zu sein und damit auch die vermeintlich alleinige Verantwortung für den Familienzusammenhalt abgeben zu können. Pete setzte bei unseren Töchtern emotional, mental, körperlich und spirituell andere Akzente und das begann ich zu schätzen. Kochen wurde auch langfristig nicht zu seiner Lieblingsbeschäftigung, aber das war mir egal, solange es an „seinen" Tagen nicht an mir hängen blieb.

Wir haben diese Veränderung gemeinsam bewältigt und damit quasi einen Präzedenzfall für viele andere Veränderungen in unserem Leben geschaffen. Wir haben gelernt, als Team mit flexiblen Rollen zu funktionieren, die nicht für alle Zeiten festgeschrieben sind. Wir besprechen anstehende Veränderungen und versuchen, eine gemeinsame Linie zu finden.

Wenn ich mich zu sehr einbringe und dadurch verhindere, dass ein anderer wachsen und reifen kann, dann verletze ich ihn, davon bin ich fest überzeugt. Menschen zu lieben und ihnen im Namen Jesu Gutes zu tun bedeutet auch, sich zu überlegen, ob wir ihnen Dinge abnehmen, die sie selbst tun sollten. Die eigenen Ängste zerren an uns und wollen uns dazu bringen, die Veränderung rückgängig zu machen, besonders wenn uns Gegenwind ins Gesicht bläst. Aber es ist wichtig, dass Menschen Zeit zugestanden bekommen, sich an Veränderungen zu gewöhnen. Manchmal wollen wir etwas nicht deswegen tun, weil es das Beste ist, sondern weil wir einfach nicht reif genug sind, die Dinge gelassen ihren Gang gehen zu lassen.

In welchem Bereich Ihres Lebens neigen Sie zu Überengagement? Arbeit? Ehe? Freundschaft? Erziehung? Gemeinde? Schule? Nehmen Sie sich einige Minuten Zeit, um über die vier Phasen nachzudenken. Welcher Schritt könnte für Sie dran sein im Blick darauf,

- Überengagement zuzugeben,
- ein Erdbeben auszulösen,
- mit Chaos zu rechnen,
- konsequent zu bleiben?

Sie dürfen sich an Gott wenden. Bitten Sie den Heiligen Geist um Rat und Mut. Vielleicht haben Sie jemanden – einen Mentor, eine Freundin –, mit dem/der Sie darüber sprechen können. Und tun Sie dann auch, was Gott Ihnen gezeigt hat.

Die Bereitschaft, Überengagement zu beenden, weist den Weg zum nächsten Verhaltensmuster, bei dem dies genauso nötig ist: falsches Denken. Wie wirkt es sich aus, wenn wir aufhören, etwas für wahr zu halten, was tatsächlich falsch ist?

7
Schluss mit falschem Denken

Vor sechshundert Jahren hielten die Menschen die Erde für eine Scheibe. Für sie war hinter dem Ozean die Welt zu Ende und sie fürchteten, ins Nichts zu fallen, sollten sie diesen Punkt jemals überschreiten.

Über zweitausend Jahre lang war der „Aderlass", also die Entnahme größerer Blutmengen aus dem menschlichen Körper, das Mittel der Wahl für fast jede Krankheit – von Krebs über Verstopfung bis hin zur Lungenentzündung.

In der Geschichte der Vereinigten Staaten wurden Indianer und Schwarze lange als minderwertig und Menschen zweiter Klasse gesehen.

Es ist noch nicht einmal einhundert Jahre her, dass Frauen das Wahlrecht verweigert wurde. Geistige Aktivität wurde für die „fragile" weibliche Physiognomie als abträglich erachtet.

Noch im Jahr 1900 glaubten 99 Prozent der Bevölkerung, dass „der Mensch niemals wird fliegen können". Und noch 1960 konnten sich die meisten Menschen nicht vorstellen, dass jemals eines Menschen Fuß den Mond betreten würde.

Sie können sich wahrscheinlich denken, was jetzt kommt. All diese Annahmen waren falsch. Das Mindeste, was falsche Überzeugungen anrichten, ist, dass sie unsere Lebens- und Welterfahrung beträchtlich einengen und uns daran hindern, das Leben zu führen, das Gott für uns vorgesehen hat; im schlimmsten Fall fordert falsches Denken Menschenleben und zerstört ganze Zivilisationen.

Falsches Denken bedeutet: Wir halten etwas für wahr, was tatsächlich falsch ist. Mark Twain hat einmal gesagt: „Nicht das, was man nicht weiß, macht einem zu schaffen; sondern das, was man weiß, was aber nicht stimmt."

Falsches Denken ist eine gravierende Bedrohung für die emotionale und spirituelle Gesundheit.

Es kann ...

- uns in Machtlosigkeit versinken lassen,
- uns in lähmende Hoffnungslosigkeit führen,
- falsche Schuldgefühle auslösen,
- die Freude am Leben verhindern,
- die Hoffnung auf die Zukunft zunichtemachen,
- echte, tiefe Beziehungen unmöglich machen,
- unnötigen Schmerz erzeugen,
- das gottgegebene Potenzial in Christus blockieren.

Und – falsches Denken ist ansteckend. Das macht es noch gefährlicher, denn es findet größtenteils im Unterbewusstsein statt. Diese todbringende Krankheit auszurotten, macht einen Schnitt erforderlich, der in seiner Radikalität fast einer Gehirntransplantation gleichkommt!

Mein langer Weg heraus aus falschem Denken

Als Pete und ich mit der Gemeindearbeit begannen, litten wir beide akut an falschem Denken in mehreren Bereichen, darunter Ehe, Erziehung, Gemeindearbeit und Spiritualität.

Dabei nahm unser Verständnis von christlicher Gemeinschaft eine ganz besondere Position ein. Zu unserer Gemeinde gehörten am Anfang etliche junge Familien. In Großstädten wie New York sind viele Menschen einsam. Um es erst gar nicht so weit kommen zu lassen, zogen wir alle in denselben Stadtteil, denn wir wollten ja eine Gemeinschaft bilden. Tatsächlich lebten wir nicht nur im gleichen Stadtteil, sondern waren auch unmittelbare Nachbarn.

Pete und ich hatten eine Wohnung, die nur aus Durchgangszimmern bestand. Es gab keinen Flur, d. h. jedes Zimmer war immer nur über den davor liegenden Raum erreichbar. Unser Schlafzimmer war gleichzeitig der Zugang zum Garten. Bei einer Grillparty mussten also auf dem Weg in den Garten erst alle Gäste durch unser Schlafzimmer. Ich fand das nicht toll, aber um der Gemeinschaft willen fand ich mich damit ab.

In diesen ersten Jahren, als Gott etwas ganz Neues und Aufregendes auf den Weg brachte, erlebten wir viele gute Zeiten miteinander und viele besondere Dinge. Wir wollten unsere Freizeit gemeinsam verbringen, unsere Kinder gemeinsam erziehen und gemeinsame Ziele umsetzen. Das bedeutete, dass wir viel zusammen waren – sehr viel.

Drei Faktoren erwiesen sich als sehr hinderlich für unsere Gemeinschaft. Der *erste* war mangelnder Respekt für die Verschiedenartigkeit der anderen. Jahrelang hatte ich Schuldgefühle, weil ich mich nach einem schönen Ambiente und etwas mehr Platz sehnte. Als wir acht Jahre später umzogen, hatte ich ein schlechtes Gewissen, weil wir unsere kleine Wohnung gegen ein Einfamilienhaus in einem anderen Teil von Queens tauschten. Ironischerweise hatte ich kurz vorher eine andere Familie verurteilt, die sich entschlossen hatte, in eine Vorstadt zu ziehen, wo das Leben doch etwas einfacher war. Wir wussten weder, was gesunde Distanz und gesunde Nähe ist, noch war da Raum für Komplexität, Unklarheiten und Fragen.

> *Falsches Denken ist gefährlich: Es ist oft unbewusst – und es ist ansteckend.*

Das *zweite* große Problem war die Überzeugung, dass man nur mit Leuten aus der eigenen Gemeinde eng befreundet sein kann, ja sogar *soll*. Gemeinden bieten wunderbare Möglichkeiten für enge Freundschaften, aber das ist etwas anderes, als die falsche Überzeugung, dass solche Freundschaften *nur* in der Gemeinde möglich sind. Gemeinde als Gemeinschaft dient vielen Zwecken. Wir haben einen gemeinsamen Auftrag, gemeinsame Werte und gemeinsame Gottesdienstformen – um nur einige zu nennen. Es wird immer Menschen geben, für die die Gemeinschaft in der Gemeinde die Hauptquelle für enge Freundschaften ist. Für andere gilt das jedoch nicht.

Weil wir fälschlich glaubten, Gemeinde sei gleichbedeutend mit engen Freundschaften, waren Pete und ich mit Menschen befreundet, für die wir gleichzeitig nicht nur Arbeitgeber waren, sondern auch Mentoren, Seelsorger und geistliche Vorbilder. Pete war Hauptpastor und geistlicher Leiter unserer Gemeinde. Und manchmal war er für mehr als einen unserer Freunde auch Vorgesetzter. Und ich war für diese Freunde oft Teamleiterin und Mentorin.

Probleme gab es, als eine klare Trennung nötig wurde zwischen diesen Freundschaften und den eher formalen Rollen, die wir auch innehatten. Negative Auswirkungen auf beiden Seiten ließen sich gar nicht vermeiden. Beziehungen wurden kompliziert, es kam zu Verletzungen.

Wir brauchten viele Jahre und die Begleitung durch kluge Berater, bis wir die falsche Überzeugung entlarven konnten, dass echte Gemeinschaft und enge Freundschaften *immer* zusammengehören. Wir lernten, dass es natürlich richtig ist, dass sich in gesunden Gemeinden und Gemeinschaften enge Freundschaften entwickeln. Darüber kann man sich freuen und dazu sollte man auch ermutigen. Problematisch wird es bei dem Wort *immer* oder *das muss so sein*.

Die Sensitivität und Gefahr von dualen Rollen ist mir jetzt viel mehr bewusst, besonders wenn es um leitende Positionen in einer Gemeinde geht. Duale Rolle heißt: Ich bin für denselben Menschen Arbeitgeber und Freundin bzw. Pastor und Freund. Duale Rollen sind nicht zwangsläufig falsch oder unangemessen, können es aber sein. Aber sie sind komplex und erfordern von allen Beteiligten ein großes Maß an Reife, damit sie gut gestaltet werden können.[1]

Unser *drittes* Problem war die Überzeugung, dass man in einer gesunden, engen christlichen Gemeinschaft leben kann, ohne dafür wichtige emotionale Fähigkeiten erlernen zu müssen, wie etwa Zuhörenkönnen, Ehrlichkeit und Konfliktlösung. Wir waren überhaupt nicht in der Lage, mit Eheproblemen umzugehen, mit Wutausbrüchen in schwierigen Situationen, mit unausgesprochener Ablehnung und unterschiedlichen Erwartungen. Wir kannten uns selbst nicht gut genug, wie sollten wir da angemessen miteinander umgehen?

Ich habe einige Bereiche genannt, in denen ich mit meinem Denken über Gemeinschaft falschlag. Aber falsches Denken und irrige Annahmen spielen in unzähligen Bereichen unseres Lebens eine Rolle. Und immer hat es ernste Konsequenzen für unser Leben und unseren Glauben – am Arbeitsplatz, in der Familie und in der Gemeinde.

Drei Arten falschen Denkens

In seinem Buch *Hand-Me-Down Blues* beschreibt der Psychologe Michael Yapko drei Hauptarten falschen Denkens, die unseren Blick auf das Leben verzerren:

1. Alles-oder-nichts-Denken
2. Dinge persönlich nehmen
3. Der Gedanke: Es ändert sich sowieso nichts

Alle drei Punkte waren mitverantwortlich für die Verwirrung und den Schmerz, die ich beim Aufbau von New Life erlebte. Wir werden aber noch sehen, dass sie auch in jeden anderen Lebensbereich hineinreichen.

Verzerrte Sichtweisen werden in Gemeinden nur selten thematisiert und auch in Glaubenskursen oder beim Jüngerschaftstraining spielen sie eher keine Rolle. Wenn wir uns allerdings entschließen, dieses zwar einfache, aber zerstörerische Denken aufzugeben, können wir uns von Hilflosigkeit, Hoffnungslosigkeit, falschen Schuldgefühlen und unnötigem Schmerz befreien. Dann erfahren wir im eigenen Leben, was Gott in 2. Timotheus 1,7 verheißt: „Denn Gott hat uns keinen Geist der Furcht gegeben, sondern sein Geist erfüllt uns mit Kraft, Liebe und Besonnenheit."

Falsches Denken 1: Alles oder nichts

Das Alles-oder-nichts-Denken übertreibt; es macht Dinge größer, als sie eigentlich sind. Wenn eine Sache im Leben nicht gut läuft, bauscht das Alles-oder-nichts-Denken diese Erfahrung auf und überträgt sie pauschal auf das gesamte Leben. Alles-oder-nichts-Denken interpretiert Vorkommnisse und Umstände in Schwarz und Weiß. Graustufen sind im Leben nicht vorgesehen, für Nuancen oder die kleinen Unterschiede, die zum Leben dazugehören, ist kein Platz. Alles-oder-nichts-Denken sieht den Wald, aber nicht die Bäume. Einige Beispiele:

- Ein Vorstellungsgespräch läuft nicht gut, und Sie denken: „Ich krieg nie was auf die Reihe."

- Sie machen eine schlechte Erfahrung mit jemandem, der behauptet, Christ zu sein, und schließen daraus, dass alle Christen Heuchler sind.
- Sie erreichen in einer Prüfung die Note 2 und halten sich für einen Versager.
- Sie kaufen ein Auto, das sich als Schrottkarre herausstellt, und denken: „Ich werde nie ein gutes Auto finden."
- Nach einer anstrengenden Woche sind Sie mit Ihren Nerven am Ende und denken: „Ich bin eine schlechte Mutter/ein schlechter Vater, weil ich die Kinder angeschrien habe."
- Das Gespräch im Hauskreis gestern Abend lief nur schleppend. Sie schließen daraus: „Ich bin ein schlechter Leiter, weil wir gestern Abend kein gutes Gespräch hatten."
- Sie gehen mit Ihrem Partner zu einer besonderen Gelegenheit essen, aber ein unfreundlicher und unfähiger Kellner verdirbt Ihnen das Essen. Sie denken: „Der ganze Abend ist hinüber!"

Ein klassischer Fall von Alles-oder-nichts-Denken ist die biblische Figur des Jakob. Seine Söhne, aus Ägypten zurückgekehrt, wohin sie auf der Suche nach Getreide gezogen waren, bringen die Forderung des ägyptischen Verwalters (der Josef ist, was sie nicht wissen) mit, sie sollen ihren Bruder Benjamin auch nach Ägypten bringen. Jakob beklagt sich: „Josef lebt nicht mehr, Simeon ist zurückgeblieben und Benjamin wollt ihr mir auch noch nehmen. Nichts bleibt mir erspart!" (1. Mose 42,36). In Jakobs Leben geschah auch viel Gutes, aber dafür hatte er keinen Blick. Als diese eine Sache schiefging, war für Jakob gleich *alles* furchtbar. Er glaubte, Josef sei tot, obwohl das nicht stimmte. Und jetzt ging er davon aus, dass er noch zwei weitere Söhne verlieren würde.

Seine Sorge war berechtigt. Trotzdem war sein pauschales Denken „nichts bleibt mir erspart" falsch. Er konnte nicht mehr sehen, wie sehr Gott ihn gesegnet hatte und ihn noch segnen würde. Er erkannte nicht, dass Gott an einem langfristigen Plan arbeitete, seine Familie vor dem Hungertod zu retten, der ihn nach Ägypten bringen sollte. Später würde seine Familie den Grundstein für das Volk Israel bilden, aus dem der Retter der Welt hervorgehen sollte.

Unser Alles-oder-nichts-Denken ist eine Tragödie. Wir glauben etwas, das nicht wahr ist, und verbreiten das in unserem Umfeld. So war das auch mit meinem Alles-oder-nichts-Denken über Gemeinschaft. Ich glaubte, biblische Gemeinschaft könne man nur auf eine einzige Art erleben, aber damit lag ich falsch. Ich war überzeugt, keine Wahl zu haben, und war überfordert. Das resultierte in einer leichten Depression, die ihren Grund in meinem Gefühl der Macht- und Hoffnungslosigkeit hatte.

Die folgenden Beispiele zeigen, wie man eine verzerrte Sicht korrigieren kann:

Falsches Denken	Richtiges Denken
Mein Chef wird sich nie ändern.	Wenn Gott mich ändern kann, kann er auch meinen Chef ändern. Außerdem kann ich neue Strategien im Umgang mit meinem Chef entwickeln, die sich positiv auf unsere Beziehung auswirken.
Der Gottesdienst heute war völlig ruiniert, als während der Predigt ein Handy klingelte.	Ich war irritiert, als das Handy klingelte, aber da war noch so viel Schönes in diesem Gottesdienst – der Lobpreis, die Predigt, die Gemeinschaft hinterher.
Männern kann man nicht trauen.	Ich wurde einmal von einem Mann betrogen, aber ich kenne andere Männer, die zuverlässig und vertrauenswürdig sind.
Ich bin ein Versager, weil sie Schluss gemacht hat.	Aus dem schmerzlichen Ende dieser Beziehung habe ich einiges gelernt. Und in anderen Bereichen meines Lebens bin ich durchaus erfolgreich: Sport, Arbeit, Familie, Glauben.
Alle Anwälte sind Betrüger.	Es gibt sicherlich unehrliche Anwälte, aber einige sind wirklich gut.

Immer meckert sie nur.	Es gibt Bereiche in ihrem Leben, die schwierig sind, aber sie meckert zum Beispiel nicht über ihren Job, ihr Aussehen oder ihre Eltern.
Ich bin total gestresst.	Der Gedanke, die Prüfung in der Schule eventuell nicht zu bestehen, stresst mich wirklich. Aber viele andere Bereiche sind nicht stressig – Beziehungen, Gemeinde, Finanzen, meine gute Gesundheit.

Aussagen, die Worte enthalten wie *immer, alles, jeder* oder *nie* sind Anzeichen dafür, dass wir uns einem falschen Denken hingeben. Eine einfache Veränderung in der Formulierung kann zu einer erstaunlichen Wende führen und uns fähig machen, die Situation anders einzuschätzen.

Alles-oder-nichts-Denken führt leicht dazu, dass wir die Wege verpassen, die Gott in unserem Leben aufzeigt. Als Nathanael hört, dass der Messias aus der kleinen Stadt Nazareth kommt, sagt er: „Nazareth? Was kann von da schon Gutes kommen?" (Johannes 1,46). Er kam zu einem falschen Urteil, das auf einem Klischee gründete. Jesus nimmt diese Aussage nicht persönlich und fängt auch nicht an, Nazareth zu verteidigen. Stattdessen korrigiert er Nathanaels unreife und verzerrte Sicht und lädt ihn ein, ihm nachzufolgen und noch größere Dinge zu sehen.

Falsches Denken 2: Dinge persönlich nehmen

Persönlich nehmen wir Dinge, wenn wir etwas übel nehmen oder für etwas die Verantwortung oder auch die Schuld übernehmen, worüber wir uns noch kein vollständiges Bild gemacht haben. Wir vergessen oder ignorieren, dass in vielen Situationen Missverständnisse entstehen können, und landen zu schnell bei einer negativen Interpretation der Ereignisse. In der großen Mehrheit der Fälle beruht diese Interpretation jedoch nicht auf der Realität, sondern auf Geschichten, die wir uns einreden. Zum Beispiel:

- Eine Freundin kommt zu spät zu unserer Verabredung. Sie respektiert mich nicht.
- Ich habe in diesem Jahr keine Gehaltserhöhung bekommen. Anscheinend mache ich meinen Job nicht gut.
- Ich wurde nicht gefragt, ob ich in den Leitungskreis will. Der Pastor glaubt wohl, dass ich dafür nicht die richtigen Gaben habe.
- Ich habe die Stelle nicht bekommen, die ich mir so gewünscht hatte. Anscheinend mache ich in Vorstellungsgesprächen keine gute Figur.
- Bei den Darstellern für das Weihnachtsspiel wurde mein Name nicht genannt. Mein Beitrag war wohl nicht so wichtig.

Durch negative Interpretationen, die auf unvollständigen Informationen beruhen, machen wir uns unnötigen Kummer. Daran gehen Beziehungen zugrunde und lassen uns als Opfer oder als unverantwortliche Meckerer zurück. Man kann problemlos einen ganzen Sack voller Groll ansammeln, der auf etwas basiert, was nicht wahr ist.

Ich war einmal ärgerlich und verletzt, weil ich nicht zu einem Essen eingeladen war, zu dem aber sehr viele meiner Freunde gingen, wie ich später erfuhr. Ich habe das sehr persönlich genommen und mir eingeredet, ich sei ihnen einfach nicht wichtig. Was ich nicht wusste: Es handelte sich um eine Idee, die sich spontan bei einem Treffen entwickelt hatte, bei dem ich nicht dabei war. Es gab keine offizielle Einladung. Ich fühlte mich verletzt von einer Illusion und verschwendete Energie mit dem Grübeln über etwas, was überhaupt nicht stimmte.

Man kann problemlos einen ganzen Sack voller Groll ansammeln, der auf etwas basiert, was nicht wahr ist.

Im achten Gebot heißt es: „Sag nichts Unwahres über deinen Mitmenschen" (2. Mose 20,16). Dieses Gebot brechen wir, wenn wir zu Rückschlüssen über andere kommen, die wahrscheinlich nicht stimmen. Oft wird aus unserem Ärger Schuld, weil wir es nicht schaffen, dem anderen zu vergeben. Und dann wundern wir uns, warum Glaube und Gemeinschaft so kompliziert und chaotisch sind!

In jeder Situation gibt es viele mögliche Gründe dafür, warum Dinge passieren, wie sie passieren – und es besteht eine reelle Chance, dass keiner davon mit Ihnen zu tun hat. Schauen Sie sich einmal folgende Beispiele an:

Falsches Denken	Richtiges Denken
Er hat auf meinen Anruf/meine Mail nicht reagiert. Er ist bestimmt böse auf mich.	Vielleicht hat er die Nachrichten nicht bekommen. Vielleicht hatte er zu viel zu tun und ist nicht zum Antworten gekommen. Vielleicht hat er es auch vergessen oder wurde von anderen Dingen abgelenkt.
Die Kollegen waren heute Mittag essen und haben mich nicht eingeladen. Sie mögen mich nicht.	Vielleicht war das ein Arbeitsessen. Vielleicht hatten sie ihre Gründe, mich nicht zu fragen. Das ist in Ordnung. Das dürfen sie frei entscheiden.
Klaus hat mich in der Gemeinde heute gar nicht beachtet. Er geht mir aus dem Weg.	Vielleicht war Klaus mit etwas ganz anderem beschäftigt und hat mich einfach nicht bemerkt.
Ich habe die Stelle nicht bekommen. Mir fehlt einfach das, was man heute auf dem Arbeitsmarkt braucht.	Bei dieser Stelle hat es jetzt nicht geklappt, weil sich der Neffe des Chefs auch darauf beworben hatte. Ich kann mir einen Coach suchen, der mich für den Arbeitsmarkt fit macht.
Ich leite unsere Kleingruppe, aber Susanne war heute so still. Bestimmt gefällt ihr mein Führungsstil nicht.	Vielleicht war Susanne müde oder hat ein Problem, über das sie zum jetzigen Zeitpunkt noch nicht sprechen möchte.

Das Leben ist eben nicht immer nur schwarz oder weiß und lässt Raum zur Interpretation. Schnelle, impulsive Urteile sind daher häufig falsch.

Maria, die Mutter von Jesus, ist ein erstaunliches Beispiel für jemanden, der Dinge nicht persönlich nimmt. Josef wollte sie in aller

Stille verlassen, aber sie war nicht böse auf ihn. Und auch gegenüber dem Herbergswirt, der „keinen Raum" für eine Hochschwangere hatte, fällt kein böses Wort. Als Jesus im Tempel beschnitten wird, sagt Simeon ihr, dass ein Schwert ihr „durchs Herz dringen wird" (Lukas 2,35). Bei vielen anderen Eltern hätte sich sofort der Beschützerinstinkt gemeldet und sie wären bei den Worten des alten Mannes ärgerlich geworden. Die Bibel berichtet jedoch, dass Maria all diese Worte in ihrem Herzen bewegte (Lukas 2,48-51).

Wir wissen nicht, was genau Maria gedacht hat, aber sie hätte sich leicht einreden können: „Mit mir muss irgendetwas nicht stimmen" oder „Mit den Leuten muss irgendetwas nicht stimmen". Sie macht den Eindruck, als habe sie sich sehr bewusst damit zurückgehalten, unverständliches Handeln von Menschen in ihrer Umgebung in negative Gedanken und Geschichten umzuwandeln. Ihre Fähigkeit, Dinge nicht persönlich zu nehmen, ist vielleicht eines der großen Geheimnisse ihrer Spiritualität.

Ihre Beziehung zu Gott hat wohl ihr Herz davor bewahrt, andere aufgrund ihrer Worte oder Taten in Schubladen wie „gut" und „schlecht" zu stecken. Sie konnte Missverständnisse auch einmal stehen lassen und die biblischen Berichte geben auch keinen Hinweis darauf, dass sie das Handeln anderer falsch interpretiert und sich damit einem schleichenden Gift ausgesetzt hätte. Man kann also sagen: Wenn wir Dinge nicht persönlich nehmen, ist das sowohl der Weg zu als auch das Anzeichen für echte Spiritualität.

Falsches Denken 3: Es ändert sich sowieso nichts

Diese zerstörerische innere Überzeugung bezieht sich auf unsere Sicht der Zukunft. Wenn Sie glauben, dass sich sowieso nichts ändert, bleiben Sie fest in der Vergangenheit verhaftet. Gehen Sie aber davon aus, dass Sie, andere oder eine Situation sich ändern können, haben Sie auch die nötige Energie, notwendige Veränderungen anzugehen.

Überlegen Sie, wie in Ihrer Herkunftsfamilie mit Herausforderungen bzw. Problemen umgegangen wurde. Wahrscheinlich haben Sie diese Muster übernommen. Wenn wir uns einreden, dass sich sowieso nichts ändert, denken wir zum Beispiel Folgendes:

- Ich werde nie eine gute Beziehung haben.
- Unsere Familie wird immer zerrüttet sein.
- Solange ich Single bin, werde ich sowieso nicht glücklich.
- Wir werden nie wieder so einen tollen Pastor finden wie Pastor Schmidt.
- In dieser Familie werde ich niemals glücklich werden.
- Unser Kind wird immer schwierig sein.
- Ich werde nie Freunde finden.

So dachten auch König Saul und seine Armee. Sie redeten sich ein, dass sie Goliat und damit die Philister niemals würden besiegen können. Aber sie lagen falsch. Gott benutzte den jungen Hirten David, um Dinge zu verändern – mit einer göttlichen Perspektive und einer neuen Strategie. Auch Petrus glaubte, es würde sich nichts ändern. Als Jude hatte er noch nie das Haus eines Heiden betreten. Er glaubte – und da lag er falsch –, dass Juden und Heiden in der entstehenden Gemeinde getrennt bleiben sollten. Aber in einer Vision zeigte Gott ihm, dass sich das ändern konnte (Apostelgeschichte 10-11). Die Jünger glaubten, es würde sich nichts mehr ändern, nachdem Jesus gekreuzigt und begraben worden war. Sie lagen falsch. Jesus stand von den Toten auf und schickte an Pfingsten den Heiligen Geist, um eine weltumspannende, internationale Gemeinde zu gründen.

Die Vergangenheit muss nicht die Zukunft festlegen. Dinge können sich zum Guten verändern und in der Zukunft noch mehr Gutes hervorbringen. Wir können uns verändern. Auch hier wieder einige Beispiele:

Falsches Denken	Richtiges Denken
Ich werde nie eine gesunde Beziehung zum anderen Geschlecht haben.	Um mit dem anderen Geschlecht gute Beziehungen zu haben, kann ich lernen, was nötig ist. Meine Vergangenheit muss nicht meine Zukunft sein.

Mein Chef wird mich nie verstehen.	Ich kann versuchen, anders mit meinem Chef umzugehen. Die Vergangenheit muss nicht die Zukunft sein.
Unsere Ehe wird immer schwierig sein.	Ich kann mir Hilfe suchen und so zur Verbesserung meiner Ehe beitragen. Die Vergangenheit muss nicht die Zukunft sein.
Aufgrund seiner Lernschwäche wird mein Sohn immer schwierig sein.	Ich kann lernen, besser mit den Schwierigkeiten meines Sohnes umzugehen, um so unser Verhältnis zu verbessern. Die Zukunft kann anders sein als die Vergangenheit.
Wir werden nie eine Wohnung/ein Haus finden, das uns gefällt und das wir uns auch leisten können.	Mit Zeit, Geduld, guter Finanzplanung und Gebet können wir ein Zuhause finden, vielleicht an einem anderen Ort. Vielleicht müssen wir auch unsere Anforderungen an die Realität anpassen. Unsere Zukunft wird nicht eingeengt durch unsere Erfahrungen in der Vergangenheit.

Jahrelang befürchtete ich, unsere Gemeinde würde sich niemals ändern. Ich glaubte, wir würden immer auch persönlich unter Konflikten und Krisen leiden. Noch heute reagiere ich teilweise panisch, wenn ich die Worte höre: „Es gibt Ärger in der Gemeinde." Gott hat mich zwar in der Gemeinde belassen, aber er hat auch mich und die Gemeinde verändert. Ich habe gelernt – und lerne es noch immer –, das falsche Denken zu überwinden, dass sich sowieso nichts ändern wird.

Ihre Zukunft kann besser sein als alles, was vorher war. Vergangene, verletzende Muster müssen nicht fortgesetzt werden. Nutzen Sie die Energie, die Sie in das nutzlose Grübeln über die Vergangenheit investiert haben, um Veränderungen für eine hellere Zukunft auf den Weg zu bringen.

Die Mauer des falschen Denkens durchbrechen

Wenn Sie falsches Denken aufgeben wollen, müssen Sie alle zur Verfügung stehenden Kräfte mobilisieren. Ich nenne das immer „die Mauer durchbrechen", weil es eine große Herausforderung ist, die nicht gerade dem entspricht, was wir normalerweise tun. Ich selbst beschäftige mich auch erst seit einigen Jahren mit dem Phänomen des falschen Denkens. Bei meinem persönlichen Durchbruch durch diese Mauer haben sich drei Hauptpunkte herauskristallisiert:

1. Erkennen, wann man den eigenen Gefühlen *nicht* folgen sollte
2. Aufhören, anderer Leute Gedanken zu lesen
3. Etwas anders machen

Um in diesem Bereich langfristig erfolgreich zu sein, ob es sich nun um einen Kollegen, Freund, Ehepartner, Elternteil oder ein Kind handelt, muss man alle drei Punkte beachten und umsetzen.

Erkennen, wann man den eigenen Gefühlen nicht folgen sollte

In Kapitel 3 haben wir gesehen, dass die Bibel Gott als ein emotionales Wesen darstellt. Gott hat Gefühle. Gott ist eine Person. Wir sind nach seinem Bild geschaffen, daher sind auch wir fähig zu emotionalen Empfindungen. Als ich gelernt habe, auf meine Gefühle zu hören und ihnen – wo angemessen – auch zu folgen, war das für mein spirituelles Leben eine Revolution und letzten Endes Anlass für dieses Buch. Aber es gibt Gelegenheiten, an denen wir unseren Gefühlen nicht folgen sollten, weil sie uns in die Irre führen. Hier einige Beispiele.

Seit drei Tagen warten Sie darauf, dass eine Freundin auf einen Anruf bzw. eine E-Mail reagiert. Die Sache macht Ihnen zu schaffen und Sie fragen sich, ob Sie die Freundin irgendwie verletzt haben. So ähnlich war es in Ihrer Kindheit, wenn Ihre Mutter sich von Ihnen zurückgezogen hat, weil Sie etwas falsch gemacht haben. Sie schlafen schlecht, vor Ihrem inneren Auge erscheinen negative Szenarien.

Bei einer Besprechung auf der Arbeit ist ein Kollege nicht einer

Meinung mit dem Abteilungsleiter und tut das auf relativ aggressive Weise kund. Sie werden nervös. Die Stimmung verschlechtert sich und Sie möchten am liebsten den Raum verlassen. Am Rest der Besprechung können Sie nicht teilnehmen. So ähnlich war es in Ihrer Kindheit, wenn am Mittagstisch die unausgesprochenen Spannungen zwischen Ihren Eltern fast greifbar in der Luft lagen.

Ihr Mann hat versprochen, um 19.00 Uhr zu Hause zu sein, kommt aber erst um 19.30 Uhr. Sie sind sauer, ziehen sich ins Schlafzimmer zurück und lassen ihn allein essen. Seine Entschuldigung und Erklärung interessieren Sie nicht. Sie fühlen sich abgewertet und fragen sich, ob Sie weiter mit so einem unsensiblen Mann verheiratet sein wollen. In Ihrer Kindheit haben Sie häufig erlebt, dass Sie nicht rechtzeitig bei Verabredungen oder Terminen waren, weil Ihr Vater, der Sie fahren musste, auch häufig spät von der Arbeit kam. Noch heute spüren Sie die damit verbundene Angst.

> *Als ich gelernt habe, auf meine Gefühle zu hören und zu unterscheiden, wann ich ihnen folgen sollte und wann nicht, war das für mein geistliches Leben eine Revolution.*

Ein Mitglied Ihrer Kleingruppe redet ununterbrochen und stört damit nachhaltig die Gruppendynamik. Sie leiten diese Kleingruppe und Ihnen ist klar, dass ein Gespräch ansteht. Sie schlafen schlecht, stellen sich unzählige sehr unangenehme Situationen vor, die sich bei diesem Gespräch ergeben könnten. Sie fühlen sich machtlos, so wie damals, als Sie zu Hause auch nie offen Ihre Meinung sagen durften.

Ihr Angestellter hat einen Bericht voller Fehler und Ungereimtheiten abgeliefert. Sie fürchten seine Reaktion, sollten Sie ihn darauf ansprechen. Also folgen Sie Ihren Gefühlen und gehen ihm die folgenden zwei Wochen aus dem Weg. Das erinnert Sie an die Wutausbrüche Ihres Bruders, die immer dann passierten, wenn Ihre Eltern sein Verhalten infrage stellten.

In all diesen Beispielen wird es immer dann problematisch, wenn sich Gefühle aus der Vergangenheit in den Vordergrund drängen und eine klare Einschätzung der Gegenwart verhindern. Die momentane Situation ähnelt einer Situation aus der Vergangenheit und löst eine unverhältnismäßige Reaktion aus. Unsere Gefühle sind so tief verankert, dass sie den logischen Denkprozess ausschalten. Wir fühlen, bevor wir denken. Die Folge ist eine plötzliche Überreaktion. Wir lassen uns von Gefühlen überwältigen und schaffen es nicht mehr, einige klärende Fragen zu stellen: Was passiert hier eigentlich? Was sind die Tatsachen? Was ist meiner Meinung nach richtig? Was möchte ich erreichen? Sind meine Gefühle in dieser Situation relevant oder sollte ich sie in diesem Fall beiseitelassen?

Mit unserem Denken und Fühlen hat Gott uns ein inneres Leitsystem gegeben, das uns durchs Leben bringen soll. Auf unsere Gefühle zu achten, ist wichtig, aber wir müssen uns auch klarmachen, was wir mit ihnen tun sollen. Wenn wir Spiritualität auf reife und „erwachsene" Art leben wollen, müssen wir unbedingt unterscheiden lernen, wann es Zeit ist, Gefühlen zu folgen, und wann *nicht*.

Aufhören, anderer Leute Gedanken zu lesen

Gott ist allwissend – er kennt alles und weiß alles. Und Gott allein weiß auch, was hinter der Stirn anderer Menschen vor sich geht. Wir allerdings spielen Gott, wenn wir Vermutungen über jemanden anstellen oder ein bestimmtes Verhalten interpretieren, ohne die Tatsachen zu überprüfen. Vermutungen verursachen viel unnötigen Schmerz und erhebliche vermeidbare Verwirrung. Wenn Sie diesen Punkt beherzigen, vermeiden Sie damit langfristig falsches Denken in Familie, Gemeinde und am Arbeitsplatz.

Wir spielen Gott, wenn wir Vermutungen über jemanden anstellen, ohne die Tatsachen zu prüfen.

Ihre Frau ruft Sie jeden Tag bei der Arbeit an, aber heute tut sie es nicht. Sie fragen sich, ob sie vielleicht böse auf Sie ist. Gestern Abend gab es einen Streit, den Sie aber als erledigt ansehen. Sie vermuten das Schlimmste. Den ganzen Tag lang beschäftigt Sie das offensichtlich unreife Verhalten Ihrer Frau. Wie kann sie es wagen, Ihnen dermaßen die kalte Schulter zu zeigen!

Als Sie nach Hause kommen, ignorieren Sie sie und gehen ohne große Umschweife zu Bett. Sie sitzt mit einigen Papieren am Küchentisch und geht auch nicht weiter auf Ihr Verhalten ein. Das ist Wasser auf Ihre Mühlen. Die Lage ist anscheinend noch schlimmer als gedacht.

„Wer weiß, was morgen ist", murmeln Sie resigniert vor sich hin, als Sie das Licht ausschalten.

Später erfahren Sie die Wahrheit: Auf der Arbeit gab es einen Notfall, deswegen konnte Ihre Frau Sie nicht anrufen. Sie haben daraus eine komplizierte Situation gemacht, die schlicht unzutreffend war.

Der Dienstbereich der Gemeinde, den Sie leiten, plant eine große Veranstaltung. Mit dem Rest des Teams sind Sie in regem E-Mail-Kontakt und dabei fällt Ihnen auf, dass Kevin, sonst stets freundlich, jetzt ziemlich scharfe Kommentare abgibt. Sie interpretieren das als passiv-aggressives Verhalten und vermuten, dass er aus irgendeinem Grund böse auf Sie ist. Sie denken: „Gut, wenn er es so haben will ...", und dementsprechend fallen auch Ihre Antworten aus. Einige Zeit später telefonieren Sie mit Kevin und er ist freundlich und engagiert wie immer. Da wird Ihnen klar, dass Sie seine E-Mails ganz falsch interpretiert haben. Sie haben Kevins Gedanken gelesen und sich dabei auf eine völlig verkehrte Spur bringen lassen, die zu unnötigen Gefühlen von Angst und Ablehnung geführt hat.

In beiden Beispielen finden Sie sich in einer Abwärtsspirale wieder, weil Sie das Verhalten eines anderen Menschen negativ interpretieren und Vermutungen anstellen über das, was er oder sie denken könnte. In einer Beziehung begeben Sie sich damit auf gefährliches Terrain. Ärger entsteht, es kommt zu Verletzungen auf beiden Seiten, und unsichtbare Mauern werden hochgezogen. Aber das Schlimmste ist: Sie lassen den Heiligen Geist nicht zum Zuge kommen.

Gibt es jemanden, dessen Gedanken Sie lesen oder über den Sie unbestätigte Vermutungen anstellen? Gehen Sie in einem passenden Moment auf diese Person zu und fragen Sie: „Ich habe da eine gewisse Vermutung. Kann ich die kurz mit dir abklären?" oder: „Darf ich mal kurz mit dir absprechen, ob ich mit folgender Annahme richtig liege ...?"[2]

Sagt Ihr Gegenüber Ja, stellen Sie eine konkrete Frage (Beispiele folgen), um Ihr Denken zu überprüfen und das Gedankenlesen zu beenden …

- „Du gehst anscheinend davon aus, dass ich in diesem Jahr die Weihnachtseinkäufe übernehme. Stimmt das?"
- „Ich frage mich, ob du denkst, dass ich dich für einen unzuverlässigen Freund halte, weil du meinen Geburtstag vergessen hast. Stimmt das?"
- „Mir ist aufgefallen, dass du nicht auf meinen Anruf reagiert hast. Da das für dich eher ungewöhnlich ist, frage ich mich, ob irgendetwas nicht stimmt."
- „Ich hab mich gewundert, dass du Sabine und Richard umarmt hast, mich aber nicht. Habe ich etwas Falsches gesagt oder getan?"
- „Du hast mich heute auf der Arbeit nicht angerufen. Ist alles in Ordnung oder hat das vielleicht noch mit dem Streit von gestern Abend zu tun?"

Die Dinge, die wir uns einreden, wirken sich grundlegend auf unsere Gefühle aus. Angenommen, Sie haben sich mit einem Freund zum Essen verabredet, der aber nach fünfundvierzig Minuten immer noch nicht da ist. Die Art, wie Sie auf diese Verspätung reagieren, zeigt, was in Ihrem Inneren vor sich geht. Sie können entweder denken: „Vielleicht hat er einen Unfall gehabt" oder: „Diese Beziehung bedeutet mir offensichtlich mehr als ihm." Jede Interpretation löst ein anderes Gefühl aus. Warum? Weil ein enger Zusammenhang besteht zwischen dem, was wir uns einreden, und dem, was wir fühlen.

Was wir denken oder uns einreden, wirkt sich auf unsere Gefühle aus.

Wenn wir falsches Denken aufgeben und emotional und spirituell gesund bleiben wollen, müssen wir uns bewusst davon verabschieden, die Gedanken anderer Menschen lesen zu wollen, und anfangen, unsere Vermutungen mit Tatsachen zu untermauern, indem wir mit dem/der Betreffenden sprechen – *persönlich* und nicht nur in unserem Kopf.

Etwas anders machen

Vielleicht kennen Sie Albert Einsteins berühmte Definition von Wahnsinn: „Wahnsinn ist, immer das Gleiche zu tun und andere Ergebnisse zu erwarten." Jahr um Jahr habe ich immer das Gleiche getan und mich dabei permanent darüber beklagt, dass sich doch nichts ändert. Das Leben, so meine Vermutung damals, würde wohl immer schwierig bleiben. Ich sagte zu allem und jedem Ja, weil ich für Superwoman gehalten werden wollte. Ich machte Pete für meine Unzufriedenheit verantwortlich, aber anderen zeigte ich immer nur ein strahlendes Lächeln. Ich leugnete Traurigkeit, Wut und Angst, stellte mich selbst immer an die letzte Stelle, ebenso wie die Dinge, die mir Leben und Freude gebracht hätten.

Um mich aus der tödlichen Umklammerung des falschen Denkens zu befreien, musste ich etwas anders machen.

Über lange Zeit lief in meinem Kopf ein Mantra, das die natürlichen Gefahren für eine Pastorenfrau abspielte. Immer wieder führte ich mir die Möglichkeiten von Verletzungen, Mitarbeiterkrisen, unrealistischen Erwartungen, Herausforderungen für das eigene Wachstum und Enttäuschungen in Beziehungen vor Augen. Daran orientierte ich mich für die Gegenwart und die Zukunft. Als ich merkte, dass die Zukunft nicht einfach eine stetige Wiederholung der Vergangenheit sein muss, fing ich an, einige Dinge anders zu machen.

Ich fing an, Kurztrips zu unternehmen (mit Übernachtung!!), bei denen es nur darum ging, Zeit mit Gott zu verbringen und mich zu erholen. Ich tat Dinge, die ich liebte, z. B. unternahm ich ausgedehnte Wanderungen. Wir zogen um. Pete und ich gingen zu einer Eheberatung. Wir lernten, uns in unserer Beziehung gegenseitig zu unterstützen. Ich setzte Grenzen: für Pete und seine Arbeit ebenso wie für meine Mitarbeit bei New Life. Ich machte mir klar, wie viele Beziehungen ich tatsächlich intensiv pflegen konnte. Und ich sagte häufig Nein.

Wenn Sie im Treibsand falschen Denkens feststecken, stellen Sie sich einmal folgende Fragen:

1. Bin ich bereit, das Gewohnte, das nicht funktioniert, aufzugeben und etwas auszuprobieren, das zwar ungewohnt, aber vielleicht erfolgreicher ist? Wenn das eine nicht funktioniert, versuchen Sie etwas anderes.

2. Was werde ich in zwanzig Jahren bereuen, wenn ich mich jetzt nicht aufraffe und konkret anfange, meine Situation zu verändern?

Alle meine „Kapitulationen", alles, was ich aufgegeben bzw. bewusst beendet habe, hat damit angefangen, dass ich etwas ganz anders gemacht habe, und anfangs fühlte sich jeder einzelne Punkt nicht gut an. Schritte zu tun, die der eigenen Intuition oder auch Kultur völlig zuwiderlaufen, ist schwierig, und diesen Umstand sollten Sie nicht unterschätzen. Oft schreit alles in uns: „Lass das! Keine Veränderung! Das könnte eine Katastrophe werden!"

Was werden Sie in zwanzig Jahren bereuen, wenn Sie jetzt nichts verändern?

Tief in unserem Leben verankerte ungesunde Verhaltensmuster sind nur schwer zu verändern, besonders wenn man sich ganz allein damit abmüht. Wenn ich mir wieder einmal unsicher darüber war, was genau ich anders machen wollte, habe ich mir Hilfe gesucht bei Mentoren oder erfahrenen Seelsorgern. Das hat in all den Jahren immer gut funktioniert. Oft muss uns einfach jemand unterstützen, der mehr Erfahrung hat und uns in der jeweiligen Situation zu größerer Objektivität verhilft.

Sicher kennen Sie das alte Sprichwort: „Aller guten Dinge sind drei", das uns nahelegt, nicht gleich beim ersten Fehlschlag aufzugeben. Eigentlich sollte man es folgendermaßen ergänzen: Klappt das Dritte auch nicht, versuch ein Viertes. Aber dafür müssen Sie richtig denken, realistisch denken, und Sie brauchen einen Plan für Ihre ganz persönliche Zukunft.

Mit dem Wind segeln

Vor einigen Jahren haben Pete und ich angefangen zu segeln. Mit das Wichtigste, das wir dabei gelernt haben, ist, dass es nur dann vorwärtsgeht, wenn das Segel in der richtigen Position ist. Für Anfänger ist das schwerer, als es aussieht. Wenn das Segel nicht genau im Wind steht, gibt es drei Möglichkeiten: Man dreht sich im Kreis, man kommt überhaupt nicht von der Stelle oder man kentert. Falsches Denken bedeutet, das Segel ist in der falschen Position. Es geht nicht vorwärts. Es ist immer derselbe Schmerz, derselbe Frust und dieselben Probleme, die uns umtreiben.

Wenn Sie die Mauer des falschen Denkens durchbrochen haben, stehen Sie in den Startlöchern für eine radikale Veränderung Ihres Lebens. Sie vergrößern sozusagen Ihren Spielraum und bringen das Segel in die Position, in der der Wind es richtig packen kann. Dieser Wind ist der Heilige Geist, der Ihr falsches Denken korrigiert und es auf die Wahrheit ausrichtet.

Wenn Sie Ihr ganz eigenes Leben leben wollen, brauchen Sie Mut. Und diesen Mut gewinnen Sie nur, wenn Sie sich ganz genau anschauen, wie Sie jetzt leben. Führen Sie das Leben eines anderen? Wenn Sie nicht die Verantwortung dafür übernehmen, dass Sie so leben, wie Gott es nur für Sie vorgesehen hat, wird ein Leben vergeudet. Niemand auf der Welt ist so wie Sie. Absolut niemand! Ihr Leben ist einzigartig, und nur Sie können es richtig leben. Gott freut sich und fühlt sich geehrt, wenn Sie es tun. Darum lautet auch das letzte Kapitel: Schluss mit einem Leben, das nicht mein eigenes ist.

8
Schluss mit einem fremdbestimmten Leben

Pete und ich waren gerade ein halbes Jahr verheiratet, als wir für ein Jahr nach Mittelamerika zogen, um Spanisch zu lernen. Zum Abschluss organisierte Pete einen Trip nach Nicaragua, wo gerade der Bürgerkrieg zwischen Sandinisten und den Contras dem Ende zuging.

„Das wird super", sagte Pete in seinem überzeugendsten Tonfall. „Wir sprechen die Sprache und kennen eine Familie in Managua, die uns alles zeigen kann!"

Ich war im sechsten Monat schwanger, daher stand Nicaragua auf der Liste meiner liebsten Reiseziele nicht gerade ganz oben. Trotzdem fuhr ich mit.

Wegen des Krieges fuhr nur einmal in der Woche ein Bus. Also bestiegen wir an einem trüben Dienstagmorgen in Costa Rica einen alten Überlandbus, der uns einen ganzen Tag lang durch die Berge nach Nicaragua schaukeln sollte. Außer uns waren nur noch sieben andere Passagiere an Bord, alles Mütter, die ihre Söhne nach Costa Rica gebracht hatten, um sie vor dem Kriegsdienst zu bewahren. Jede hatte einen überdimensionalen Koffer dabei, vollgestopft mit Toilettenpapier und anderen Dingen, die in Nicaragua unmöglich zu bekommen waren.

Mit drei Stunden Verspätung fuhren wir los.

Der Fahrer fuhr schnell, sehr schnell. Als wir in die Berge kamen, steigerte er das Tempo weiter, wahrscheinlich brauchte er das „Ferrari-Feeling". Das Problem war nur, dass die Straße keine Leitplanken hatte, und so wurde aus meinem anfänglichen Unbehagen irgendwann Angst und schließlich blanke Panik.

Unsere Ansichten über Geschwindigkeit waren nicht kompatibel.

Ich stolperte nach vorne zum Fahrer und bat ihn in meinem bei Weitem noch nicht perfekten Spanisch, doch etwas langsamer zu fahren. Er ignorierte mich.

Ich wiederholte meine Bitte – etwas inständiger. Keine Reaktion.

Ich habe Höhenangst. Autofahrten in den Bergen vertrage ich nicht gut, selbst bei langsamem Tempo. Und das hier war etwas völlig anderes.

Ich ging auf die Knie und fing an zu beten.

Ich setzte mich auf den Boden und legte den Kopf zwischen die Knie.

Ich weinte. Er raste unvermindert weiter.

Pete schrie ihn an. Nichts.

Irgendwann betete ich: „Gott, ich weiß, das ist das Ende. Lass es schnell gehen."

Der Bus schien außer Kontrolle geraten zu sein und der Fahrer achtete weder auf mich noch auf die anderen Passagiere. Ich wartete auf den Moment, in dem wir über die Klippe in den gähnenden Abgrund schießen würden.

Dann geschah es.

Der Bus ging kaputt.

Der Fahrer öffnete die Motorhaube und betrachtete den qualmenden Motor. Dabei schüttelte er den Kopf und sagte: „Muy grave" (sehr ernst). Dann fing er an, neben dem Bus auf und ab zu laufen. Nach einer Stunde kam ein Lastwagen vorbei. Der Fahrer stieg ein, rief uns noch zu, dass er nicht wiederkommen würde – und weg war er.

Ich erinnere mich an die Situation, als wäre es gestern gewesen. Da hockte ich in der Mitte von Nirgendwo auf dem Boden. Wir waren noch nicht einmal in der Nähe unseres Ziels und der Busfahrer hatte uns im Stich gelassen. Trotzdem war das einer der glücklichsten Momente meines Lebens!

Ich hatte überlebt. Ich war begeistert.

Nach einer abenteuerlichen Reise zu Fuß, als Anhalter und per Taxi erreichten wir schließlich Managua, aber das ist eine andere Geschichte. Hier kommt es mir nur auf Folgendes an: Dieses Erlebnis steht stellvertretend für die ersten acht Jahre unserer Ehe – eine Zeit, in der ich den Eindruck hatte, ich würde das Leben eines anderen Menschen leben.

Unsere ersten acht gemeinsamen Jahre fühlten sich an wie eine

Fahrt mit der Achterbahn, bei der es nur um eins ging: Überleben. Wir lernten Spanisch in Mittelamerika, zogen nach New York, bekamen vier Kinder und gründeten eine Gemeinde in Queens. Ich saß in einem außer Kontrolle geratenen Bus, den ich noch nicht einmal selbst steuerte, und konnte nicht raus. Erst durch eine Art „Nahtoderfahrung" schaffte ich es, Pete zu sagen, dass ich aussteigen wollte.

Wessen Leben leben Sie?

Am Ende seines Lebens wurde der irische Schriftsteller George Bernard Shaw gefragt, welche Person der Geschichte er am liebsten gewesen wäre. Er antwortete: „Am liebsten wäre ich der George Bernard Shaw gewesen, der ich hätte sein können, aber nie war."

Wie ist das mit Ihnen? Wessen Leben leben Sie – Ihr eigenes oder das eines anderen? Sollten Sie es nicht genau wissen, betrachten Sie einmal folgende Aussagen. Vielleicht sehen Sie dann klarer:

- Sie legen zu viel Wert auf das, was andere über Sie denken.
- Sie lügen.
- Sie machen andere für Ihr Unglück verantwortlich.
- Sie vermeiden Konfrontation.
- Sie glauben, falscher Friede sei besser als gar kein Friede.
- Sie stellen eigene Bedürfnisse immer hintenan.
- Sie sagen Ja, selbst wenn Sie eigentlich Nein sagen wollen.
- Sie können sich starken Persönlichkeiten nicht widersetzen.
- Sie wollen, dass andere glücklich sind – auf Kosten Ihres eigenen Glücks.
- Sie kennen Ihre Prioritäten nicht.

Fahren Sie Ihren Lebensbus selbst oder haben Sie einen anderen ans Steuer gelassen, ohne sich dessen überhaupt bewusst zu sein?

Jesus hat Ersteres getan.

Als er in seiner Heimatstadt Nazareth öffentlich verkündet, dass er der Messias sei, wollen wütende Nachbarn und langjährige Freunde ihn einen Abhang hinunterstoßen. Jesus aber geht ruhig durch die aufgebrachte Menge hindurch und bleibt dem Leben treu, das der Vater für ihn vorgesehen hat (Lukas 4,28-31).

Als die Menge sich von Jesus begeistert zeigt und ihn zum König machen will, achtet er nicht auf ihre Lobeshymnen, weil er weiß, dass ihre Pläne für sein Leben nicht dem Willen seines Vaters entsprechen (Johannes 6,14.15).

> *Gott traut uns zu, dass wir aus dem Bus aussteigen, den andere fahren, und das Steuer unserer Lebensfahrt selbst übernehmen.*

Mehr als einmal enttäuscht Jesus seine Mutter und Geschwister (Markus 3,21), seine Jünger, die Volksmenge und die religiösen Führer (Johannes 6,41-62).

Von Jesus wurde bei vielen Gelegenheiten erwartet, das Leben eines anderen zu führen, und damit lastete ein enormer Druck auf ihm. Aber durch die Kraft des Heiligen Geistes und die Gemeinschaft mit dem Vater blieb er sich treu und brachte die ihm übertragene Aufgabe zu Ende (Johannes 17,4).

Auch uns lädt Gott ein, die Stimmen zu ignorieren, die uns ablenken und verwirren wollen, und mit ganzem Herzen seinem Weg für unser Leben zu folgen. Das eröffnet uns und letztlich allen Menschen in unserem Umfeld eine ganz neue Freiheit.

Sich selbst entdecken – eine Lebensaufgabe

Für den Reformator und Theologen Johannes Calvin gab es keine bessere Beschreibung eines Christen als diese: „Denn wir sind sein Werk" (wörtlich: Meisterwerk; Epheser 2,10 Luther). Gott hat Galaxien, Sterne und Sonnensysteme geschaffen, die atemberaubend sind, aber nur wer das Wunder der Wiedergeburt in Christus erlebt hat, wird Gottes Meisterwerk genannt.

Meisterwerke kommen nicht von der Stange; nur die erfahrene Hand eines Genies kann sie erschaffen. Sie sind Unikate, Geschenke an die Welt, die kein zweites Mal in genau derselben Form vorkommen. Und genau das sind Sie: ein Unikat Gottes. Sein Geschenk an die Welt, das so kein zweites Mal existiert. Gott, der Schöpfer, hat Sie einzigartig geschaffen. Ihre Vollkommenheit als göttliches Meisterwerk hat jedoch durch die Sünde Schaden genommen. Die Restaurierungsarbeiten dauern ein Leben lang, machen nur kleine Fortschritte und sind nicht gerade billig.

Die von Michelangelo gestaltete Sixtinische Kapelle ist einer der größten künstlerischen Triumphe der Geschichte. Von 1508 bis 1512 lag der Künstler auf dem Rücken auf einem Gestell und malte Schöpfung, Sündenfall und Vernichtung der Menschheit durch die Sintflut. Bereits unmittelbar nach der Fertigstellung begannen die Bilder jedoch zu verblassen. Einige Jahrhunderte später wusste niemand mehr, wie die Farben im Original ausgesehen hatten. 1980 errichtete man ein Gerüst, um die Decke von Michelangelos Meisterwerk zu reinigen und zu neuem Glanz zu bringen. Der Leiter des Projektes verwendete eine bestimmte Flüssigkeit, die jeweils nur auf einen winzig kleinen Teil der Decke aufgetragen wurde.

Es dauerte zwölf Jahre, bis die gesamte Decke auf diese Art und Weise behandelt war. Das Ergebnis war überwältigend! Niemand hatte geahnt, dass Michelangelo derart meisterhaft mit Farbe umgehen konnte, mit Blau, Grün, Rosa und Lavendel. Unter einer jahrhundertealten Schmutzschicht lagen Farben verborgen, die man fast leidenschaftlich nennen kann. Zum ersten Mal seit 450 Jahren sah die Öffentlichkeit das Meisterwerk in seiner gesamten Farbenpracht und Schönheit, so wie es ursprünglich gemeint gewesen war.[1]

Wenn Sie die unechten Schichten und den Schmutz entfernen wollen, die Ihr Leben überdecken, lassen Sie sich auf einen komplexen Vorgang ein. Parker Palmer beschreibt ihn folgendermaßen:

> Meist ist erst ein langer Weg durch unbekanntes Gebiet nötig, damit der Mensch ein Gespür für sich bekommt. Allerdings ist dieser Weg kein Rundum-Sorglos-Paket aus dem örtlichen Reisebüro. Er verläuft eher in der Tradition der alten Pilger – „ein verändernder Weg zu einer heiligen Mitte", voller Schwierigkeiten, Dunkelheit und Gefahren.[2]

Unser ganz eigenes Leben können wir aber auch entdecken, wenn wir aus Gottes Hand einen „versiegelten Umschlag" mit Anweisungen entgegennehmen.[3] Früher bekam zum Beispiel der Kommandeur eines Schiffes einen versiegelten Umschlag mit speziellen schriftlichen Anweisungen bezüglich Ziel bzw. Auftrag, der erst zu einem bestimmten Zeitpunkt oder an einem bestimmten Ort geöffnet werden durfte. Es ist, als habe Gott jedem von uns solch einen versiegelten Umschlag mit Anweisungen für unser Leben übergeben. Öffnen können wir ihn, indem wir auf die kleinen Alltäglichkeiten achten, die das Leben mit sich bringt. Sheila Linn beschreibt diesen Prozess schlicht und doch tief gehend: „Wenn ich dem ganz besonderen Sinn meines Lebens folge, indem ich den Anweisungen aus meinem versiegelten Umschlag folge, empfinde ich eine tiefe Ruhe, ein Gefühl der Richtigkeit, und mein Körper entspannt sich. Ich bin davon überzeugt, dass sich dieses Gefühl körperlich ausdrückt, weil der Sinn unseres Lebens in jede einzelne Körperzelle eingewoben ist."[4]

Gottes besonderen Sinn für das eigene Leben zu entdecken, das ist ein Prozess. Wir können nicht wissen, was uns auf diesem Weg zu einem authentischen Selbst und einer gesunden Spiritualität alles begegnen wird. Mir sind vier Verhaltensweisen wichtig geworden, die sich auf diesem Weg als verlässliche Partner erwiesen haben:

1. Die eigene Integrität entdecken
2. Den inneren Rhythmus beachten
3. Grenzen setzen
4. Andere loslassen

Wenn Sie diese vier Dinge umsetzen, werden Sie mit Gott ein Abenteuer erleben, in dessen Mittelpunkt die große Freude über ein zutiefst erfülltes Leben steht.

Die eigene Integrität entdecken

Wenn Sie Ihr eigenes Leben leben wollen anstatt das eines anderen, beginnt der Weg damit, dass Sie Ihre eigene Integrität entdecken. Dafür müssen Sie erkennen und definieren, was Ihnen wichtig ist. Integrität, so wie ich das Wort hier verwende und verstehe, geht immer einher mit einer Übereinstimmung mit den Werten Gottes. Ein Beispiel: Zur persönlichen Integrität kann gehören, eine von Missbrauch geprägte Beziehung aufzugeben. Aber eine Ehe zu beenden, nur weil man sich seiner Gefühle für den Partner nicht mehr sicher ist, gehört nicht dazu.

Wenn mich jemand bei der Bewältigung von inneren Konflikten um Hilfe bittet, frage ich meist: „Wozu drängt Sie Ihre Integrität?" Meist zögert mein Gegenüber mit der Antwort, weil er oder sie bisher wenig über die eigenen Überzeugungen und Werte nachgedacht hat. Die Diskrepanz zwischen äußerem und innerem Leben, zwischen Handeln und Werten spielte bisher keine große Rolle.

Die Frage hinter dieser Frage lautet: „Was ist Ihnen wichtig?" Wenn Sie sich nicht die Zeit nehmen, diese Frage zu beantworten, werden Ängste, Erwartungen und Pläne anderer (oder auch Ihre eigenen) Sie antreiben. Schließlich werden Sie sich darüber definieren, was Sie sind, und nicht darüber, was Ihnen am wichtigsten ist.

Bei meinen Verpflichtungen bei New Life musste ich mich immer wieder auf meine Integrität besinnen. Einmal ging es um den runden Geburtstag eines Gemeindemitglieds, an dem ich unbedingt teilnehmen sollte. Die Jubilarin schrieb mir E-Mails, einen Brief, rief mich an und sprach mich eines Sonntags nach dem Got-

Eine Unterscheidungsfrage: „Wenn ich dazu Ja sage, werde ich dann mehr oder weniger Liebe geben können?"

tesdienst direkt an, weil sie mich unbedingt dabeihaben wollte. In dem Jahr hatte ich mir allerdings ganz klare Prioritäten bezüglich meiner Familie gesetzt. Es war eine Lebensphase, in der meine Integrität mich dazu drängte, soziale Verpflichtungen herunterzufahren und für meine Kinder da zu sein. Daraus hatten sich bereits viele wichtige Gespräche und ganz besondere Momente ergeben; ich genoss die stressfreie Zeit mit ihnen, in der es um ihre inneren Konflikte und Kämpfe ging. Vieles wäre mir entgangen, hätte ich meine Integrität beiseitegeschoben und dem von anderen ausgeübten Druck nachgegeben.

Die Frage nach meiner Integrität hat mich noch zu vielen anderen Dingen gedrängt:

- Pete ansprechen auf Unstimmigkeiten zwischen Privatleben und Leitungsdienst bei New Life.
- Fortbildungen in emotionaler Gesundheit, Paarberatung und Theologie absolvieren, um die wachsende Zahl von Hilfesuchenden innerhalb und außerhalb der Gemeinde unterstützen zu können.
- Unser Leben so einrichten, dass sich in ihm die Werte wiederfinden, die Pete und ich hinsichtlich einer emotional gesunden Spiritualität vertreten. Anders gesagt: Wir möchten nicht etwas lehren, was wir selbst nicht leben.
- Regelmäßig Zeit und Geld in unsere Ehe investieren. Dazu gehören Ehewochenenden ebenso wie offizielle und inoffizielle Treffen mit Mentoren, Beziehungscoaches und Therapeuten.
- Als Familie einen einfachen Lebensstil pflegen, der Müll vermeidet. Wir kaufen Mehrwegflaschen und benutzen Stoff- statt Papierservietten. Wir haben vor über zehn Jahren unseren Fernseher abgeschafft und bestimmen selbst, was wir sehen wollen, indem wir DVDs ausleihen bzw. kaufen.

Bleiben Sie fest und geben Sie nicht nach, auch wenn Sie missverstanden werden. Wenn alles gesagt und getan ist, dann ist Treue gegenüber dem Willen Gottes und Wachsen in der Liebe das Allerwichtigste. Wenn ich mich übernehme oder Dinge anfange, die Gott gar nicht von mir will, geht das auf Kosten der Liebe. Wenn ich gefragt werde, ob ich Zeit für ein Treffen oder Lust zu einer bestimmten Aufgabe habe, stelle ich mir häufig folgende Frage: „Wenn ich dazu Ja sage, werde ich dann mehr oder weniger Liebe geben können?"

Letzten Endes vergeuden wir weniger Lebensenergie, wenn wir ganz genau wissen, was uns wichtig ist. So ein Leben ist sehr viel entspannter als eines, das ständig Reaktion auf die Erwartungen und Forderungen anderer ist.

Den inneren Rhythmus beachten

Die gesamte Schöpfung folgt einem natürlichen Rhythmus, denn so hat Gott sich das von Anfang an gedacht. Es gibt Tag und Nacht, Sommer und Winter, Ebbe und Flut und die Laufbahnen der Planeten. Alles, was lebt, hat einen inneren Rhythmus, eine innere Uhr, die ein gesundes, ausgeglichenes Leben möglich macht – wenn man sich nach ihr richtet. Der menschliche Körper braucht Schlaf, Nahrung und Luft zum Atmen, und auch dafür hat Gott einen individuell passenden Rhythmus vorgegeben. Wenn wir ihn missachten, indem wir siebzig Stunden pro Woche arbeiten, zu wenig schlafen, ungesund essen und körperlich bis an unsere Grenzen gehen oder sogar darüber hinaus, wird es uns nicht gut gehen.

> *Wie unser Körper, so hat auch unsere Seele ihren inneren Rhythmus. Sie braucht Freude.*

Dieses Prinzip gilt auch für den emotionalen bzw. spirituellen Rhythmus unseres Lebens. Wenn ich meine Beziehung zu Gott schleifen lasse, persönliche Grenzen überschreite und Dinge vernachlässige, die Freude in mein Leben bringen, macht meine Seele irgendwann schlapp. Ich werde depressiv. Steuere ich dagegen und gönne mir die nötige Ruhe, renkt sich der natürliche Rhythmus wieder ein und mein Leben findet zurück in die Balance. In der Hektik und Eile unserer Zeit verlieren wir unseren Rhythmus jedoch allzu leicht aus dem Blick.

So ein Rhythmus ist individuell sehr unterschiedlich. Die innere Uhr tickt bei jedem Menschen anders. Was für den einen passt, kann für einen anderen völlig verkehrt sein.

Rhythmus hat mit dem richtigen Zeitpunkt zu tun. Alles hat seine Zeit: Engagement und Rückzug, Bleiben und Gehen, Gemeinschaft und Alleinsein, Arbeit und Ruhe, Spiel und Ernst. Jesus hat seinen Rhythmus beachtet und sein Leben darauf ausgerichtet. Er wusste, wann er eine Stadt verlassen und in eine andere Stadt gehen sollte. Er wusste, wann er allein sein musste. Er wusste, wann drei Jünger genug waren und wann es fünftausend sein mussten. Er wusste, wann es Zeit war zum Predigen und wann zum Gebet.

Ich mache morgens erst Sport und dann Stille Zeit. Abends sagt mir meine innere Uhr: „Besser, du redest erst mit Pete, bevor du vor dem Schlafengehen noch ein bisschen liest." Bei Pete ist es genau andersherum. Morgens macht er erst Stille Zeit und dann Sport und abends sagt ihm seine innere Uhr: „Besser du liest erst und unterhältst dich vor dem Schlafen noch mit Geri." Wir mussten erst lernen, die verschiedenen Rhythmen zu respektieren und auf einen gemeinsamen Nenner zu bringen.

Meine Mutter ist die geborene Gastgeberin. Sie hat gern viele Menschen um sich, die sie mit Begeisterung bewirtet. Es kann durchaus vorkommen, dass sie im Sommer spontan zwanzig Leute zum Essen einlädt. Und das mit fünfundachtzig! Ihr innerer Rhythmus sagt ihr häufig, dass es mal wieder Zeit ist für ein „volles Haus". Am Anfang unserer Ehe habe ich versucht, ihren Rhythmus zu übernehmen. Wir hatten ständig Besuch: Gäste von außerhalb, Hauskreise, Nachbarn oder Freunde unserer Töchter. Und ich muss sagen: Es machte mir keinen Spaß! Erst Jahre später wurde mir klar, dass mein Bedürfnis nach Alleinsein sehr viel größer ist als bei meiner Mutter. Ich hatte meinen Rhythmus nicht beachtet.

Der eigene Rhythmus muss respektiert und mit Bedürfnissen und Vorlieben in Übereinstimmung gebracht werden. Das gilt für die Arbeit ebenso wie für Freunde, Gemeinde, Ehe, Verwandtschaft und sogar Erziehung.

Wollen Sie Ihren inneren Rhythmus entdecken und beachten? Dann stellen Sie sich folgende Fragen: Weiß ich, wann ich Zeit zum Alleinsein und wann ich Gemeinschaft brauche? Ruhe oder Beschäftigung? Wann kann ich am besten arbeiten? Wie viel Schlaf brauche ich? Wann ist die beste Zeit zum Essen? Soll ich auf etwas warten oder soll ich weitergehen? Wie empfinde ich mein Lebenstempo? Wie kann ich in meiner aktuellen Lebensphase eine gute Routine und gesunde Balance schaffen? Und schließlich: Was kann ich verändern (für den Anfang höchstens zwei Dinge), damit ich wieder zu dem inneren Rhythmus finde, den Gott für mich vorgesehen hat?

Grenzen setzen

Wem müssen Sie Grenzen setzen? Die Antwort ist ganz einfach: Jedem! Einschließlich also Eltern, Geschwistern, Ehepartner, Kindern, Freunden, Kollegen und sogar Ihrem Haustier! Grenzen sind wichtig, denn sie verhindern, dass Sie auf Gottes Weg für Ihr Leben Umwege machen.[5]

Was andere von Ihnen wollen, ist ja nicht von vornherein schlecht. Irgendjemand wird immer irgendetwas von Ihnen wollen – Zeit, emotionale Unterstützung, Ihre fachliche Meinung, Geld oder Mitarbeit. Je nachdem, was Sie alles so können. Das ist ganz normal.

Wem müssen Sie Grenzen setzen? Die Antwort ist ganz einfach: Jedem!

Das macht auch die anderen nicht zu schlechten Menschen. Jeder von uns will doch etwas – selbst so nette, großzügige Menschen wie Sie! Die Tatsache jedoch, dass jemand etwas von Ihnen will, heißt ja nicht notwendigerweise, dass ausgerechnet *Sie* diesem Wunsch nachkommen müssen. Vielleicht ist es ja in Gottes Plan für den anderen gar nicht vorgesehen, dass sein Wunsch erfüllt wird. Natürlich ist es oft einfacher, zu tun, was andere wollen, und zu sein, wie sie uns am liebsten haben. Aber die Frage ist doch: Was ist langfristig am besten?

Langfristig ist es für Sie und mich am besten, Grenzen zu setzen, damit wir uns selbst treu bleiben und dem göttlichen Weg für unser Leben folgen können. Ansonsten kommt es zu einer unerwünschten Fusion. In der Physik beschreibt der Begriff Fusion einen Vorgang, in dessen Verlauf Metalle miteinander verschmelzen und ihre individuellen Eigenschaften verlieren. Emotionale Fusion geschieht, wenn unsere Individualität verloren geht und wir im Leben einer anderen Person verschwinden.[6]

Pete ist als Gemeindeleiter ein wahres Multitalent und hat unzählige kreative Ideen. Er kann viele Dinge gleichzeitig bewältigen. Wenn ich mich gegenüber seiner Arbeit nicht ausreichend abgrenze, fühle ich mich irgendwann wie auf einer halsbrecherischen Fahrt in der Achterbahn. Als seine Frau besteht für mich die Gefahr, mich wie selbstverständlich in seine Projekte hineinziehen zu lassen. Wenn ich nicht aufpasse, finde ich mich unversehens in diversen Aufgaben wieder, die ich nicht alle gleichzeitig bewältigen kann. Ich habe gelernt, meine Grenzen zu erkennen und mir sehr genau und mit viel Gebet zu überlegen, wozu ich Ja und wozu ich Nein sage.

Denken Sie über Ihre Verpflichtungen nach – in Gemeinde, Nachbarschaft und Ehe, mit Freunden, Kindern, Kollegen und Verwandten. Haben Sie sich vielleicht Probleme oder Aufgaben aufgeladen, die gar nicht für Sie bestimmt sind? In welchen Beziehungen müssen Sie heute gesunde Grenzen ziehen? Wie könnte das aussehen? Welche Unterstützung brauchen Sie, in Form von Gebet oder praktischer Hilfe? Wie können Sie verhindern, dass diese Grenze zu einer unüberwindbaren Mauer für Ihre Liebe wird?

Vergessen Sie nicht: Wir ziehen Grenzen, um anderen liebevoll begegnen zu können. Und von der Freiheit, die wir uns verschaffen, um unser eigenes Leben zu leben, wird auch unser Umfeld profitieren.

Andere loslassen

Wenn wir nicht länger das Leben eines anderen Menschen leben wollen, müssen wir nicht nur gesunde Grenzen setzen, sondern uns auch abgewöhnen, das Leben anderer zu kontrollieren und zu managen, denn diese Art Kontrolle kostet Zeit und Energie. Und sie verhindert, dass wir uns auf unser eigenes Leben konzentrieren.

Wenn jemand anders denkt, fühlt und handelt als wir, macht uns das nervös, und fast automatisch versuchen wir, die Kontrolle zu übernehmen. Eltern wissen, was für eine Herausforderung das sein kann.

Als unsere Töchter klein waren, waren sie davon abhängig, dass ich alles in meiner Macht Stehende tat, um sie am Leben zu erhalten. Sie waren einfach ein Teil von mir. Aber zu Gottes Plan für Mütter gehört auch, dass sie aktiv darauf hinarbeiten, dass die Kinder flügge werden.

Ich erinnere mich noch gut an eine Geschichte aus der Teeniezeit unserer Töchter: Eine von ihnen wollte unbedingt ein Paar Schuhe für fünfundachtzig Dollar kaufen. Ich sagte: „Das ist doch verrückt. Gib doch bitte nicht so viel Geld für Schuhe aus." Der Gedanke machte mir Druck. Wo sollte das noch hinführen? Mit ihrem Wunsch überschritt sie etliche meiner Werte – vom vernünftigen Umgang mit Geld über die Frage, wie viel Paar Schuhe pro Person moralisch vertretbar sind, bis hin zu der Überlegung, ob man überhaupt so viel Geld für Schuhe ausgeben darf.

Trotz meiner Proteste versicherte sie mir, dass es sich hierbei um eine wirklich gute Investition handele.

Sie hat die Schuhe tatsächlich gekauft – und irgendwann mir überlassen. Seit sechs Jahren gehören sie inzwischen zu meinen absoluten Lieblingsschuhen! Und ich kam zu der Erkenntnis: „Vielleicht kann ich von dem Kind noch etwas zum Thema Qualitätsware lernen." Für mich war das eine ganz wichtige Lektion: Meine Tochter setzt nicht nur andere Prioritäten, sondern ist manchmal auch weiser als ich.

Unsere Kinder loszulassen und Unterschiede zu respektieren ist ein langfristig angelegter Prozess. Wenn mir kalt ist, heißt das noch lange nicht, dass meine Kinder auch frieren. Wenn ich Durst habe, greifen sie nicht gleich nach einem Glas Wasser. Wandern und Sport mögen meine Hobbys sein, aber noch lange nicht ihre. Ich gestaltete ihre Zimmer in Pink und wollte unbedingt, dass sie ein Instrument lernen. Sie wollten andere Farben und zeigten auch an der Musik eher wenig Interesse.

Wenn jemand anders denkt, fühlt und handelt als wir, macht uns das nervös, und fast automatisch versuchen wir, die Kontrolle zu übernehmen.

Wenn unsere Kinder älter werden, heißt Loslassen, dass Eltern zunehmend weniger kontrollieren, mit wem sie befreundet sind und wen sie heiraten, welchen Beruf sie ergreifen, welche Universität sie besuchen und ob sie sich für ein Leben mit Christus entscheiden. Bitte verstehen Sie mich nicht falsch – ich bin davon überzeugt, dass Eltern für gute Entscheidungen ihrer Kinder gute Grundlagen legen und Hilfestellung geben sollen und können. Eltern sollten einschreiten, wenn ein Kind durch sein Verhalten sich selbst oder andere verletzt. Aber in vielen Lebensbereichen entscheiden Kinder auch durchaus richtig – nur anders, als wir entscheiden würden.

Sind sie dann endlich erwachsen und vielleicht verheiratet, beobachten wir, dass sie ihre Kinder ganz anders erziehen, als wir sie erzogen haben. Wir bemühen uns, nicht länger Eltern, sondern Freunde zu sein, die einen Rat nur dann geben, wenn sie gefragt werden.

Loslassen beschränkt sich aber nicht nur auf den Bereich Erziehung. So glauben wir zum Beispiel zu wissen, wie man sich in der Gemeinde kleidet bzw. benimmt und wie man geistlich am besten wächst. Menschen entscheiden sich, unsere Gemeinde zu verlassen und sich einer anderen anzuschließen. Wir können uns darüber ärgern oder wir können akzeptieren, dass sie einen anderen Weg gehen als wir. Auch über Politik lässt sich trefflich streiten und auch hier gilt wieder: Ich kann mich ärgern und die Engstirnigkeit des anderen bemängeln, ich kann aber auch Fragen stellen und mich um Verständnis zumindest bemühen.

Ein einfacher „Lackmustest" zeigt, wie weit ich mit dem Loslassen gekommen bin. Er besteht in der Frage: „Wie sieht es in meinem Herzen aus? Ist da mehr Ärger und Verurteilung oder Anerkennung von Unterschieden?" Ich kann sagen: „Gut, wenn Pete an diesem schönen Samstag unbedingt ein Buch lesen will, dann ist das seine Sache. Ich sag dazu nichts, auch wenn er dadurch eine wunderbare Zeit in Gottes Natur verpasst." Ich kann mich aber auch darüber freuen, dass Pete einzigartig ist: „Es tut mir zwar leid, dass ich heute Nachmittag allein spazieren gehen muss, aber Petes Fähigkeit, sich fast überall intensiv konzentrieren zu können, ist schon bemerkenswert."

Wann, wo und wen müssen Sie loslassen? Wo möchten Sie am liebsten die Kontrolle an sich reißen über Dinge, die lediglich eine Frage des Geschmacks bzw. der individuellen Präferenz sind? Nennen Sie einen oder zwei Bereiche, in denen Sie entspannter mit einer Entscheidung umgehen könnten, die Sie nervös macht. Beten Sie für die betreffende Person oder die Situation. Wie kann Gott Ihre Fortschritte beim Loslassen benutzen, um Sie vielleicht auf etwas ganz Neues vorzubereiten?

Schreiben Sie Ihr „Lebensprogramm"

Vor einigen Jahren habe ich mein persönliches Manifest geschrieben – eine öffentliche Erklärung meiner Überzeugungen und Werte. Es war das Ergebnis einer Reihe von Einkehrzeiten, zu denen ich mich über einen Zeitraum von zwei Jahren regelmäßig zurückgezogen hatte. Ich habe versucht, meine über dreißig Jahre mit Christus in einer Sammlung von Gedichten, Essays und Bibelstellen zusammenzufassen. Es war wie beim Puzzeln – man setzt die Teile zusammen und plötzlich wird das große Ganze sichtbar. In meinem Fall Vergangenheit, Gegenwart und Zukunft. Ich spürte, dass die einzigartigen Farben meines persönliches Weges weiter leuchten wollten – auch durch die alten Farbschichten hindurch, die mein wahres Selbst in Christus verdeckten.

Ich habe dieses Manifest aufgeschrieben und über meinem Schreibtisch aufgehängt, wo es heute noch hängt. Ich bin ein unvollendetes Werk. Aber es hat sich herausgestellt, dass es ein wichtiger Schritt war, nicht weiter das Leben eines anderen zu leben, sondern mein eigenes zu beginnen.

Mein Manifest enthält meine Überzeugungen und Werte. Vielleicht möchten Sie auch eines schreiben. Darum zeige ich Ihnen meines, um Ihnen eine Vorstellung davon zu geben, wie so etwas aussehen kann. Diese Überzeugungen und Leitsätze passten in eine bestimmte Phase meines Lebens, aber vielleicht zeigen sie Wege auf, die Gott auch mit Ihnen gehen möchte.

- Liebe den Herrn, deinen Gott, von ganzem Herzen, von ganzer Seele, mit all deinem Verstand und all deiner Kraft, indem du liebst, was du liebst.[7]
- Liebe deinen Nächsten – nicht mehr als dich selbst, aber wie dich selbst.
- Halte dich an das Recht, begegne anderen mit Liebe und lebe in Ehrfurcht vor deinem Gott (s. Micha 6,8), was allerdings nicht heißt, dass du dafür hundert Kilometer auf den Knien durch die Wüste rutschen musst![8]
- Schmeck und sieh, wie gut der Herr ist, indem du die Freuden

des Lebens genießt, die Ehe, die Liebe und das Lachen der Familie, gutes Essen, die Wärme der Sonne, die Leichtigkeit des Körpers im Wasser, den Duft und die Farben von Kräutern und Blumen, eine sternenglänzende Nacht, das Bild Gottes in jedem Menschen.

- Respektiere deine von Gott gesetzten Grenzen und lass die Enge deines falschen Selbstbildes hinter dir, sonst wirst du dir und anderen schaden.[9]
- Betrachte die Stille als deine beste Freundin.
- Wenn es schwierig wird, hoffe auf Wunder.
- Sei schnell mit Fragen, aber langsam mit Ratschlägen.
- Meine wichtigste Aufgabe ist, mein Herz zur Ruhe zu bringen, still zu sein und zu wissen, dass Gott der Herr ist.
- Es gibt „verborgene Schätze", einen Reichtum, der mit Zahlen nicht zu messen ist.[10]
- Die Unglückliche ist anderen keine große Hilfe.
- Denk an die Weisheit des Wildes. Sei einfach da, einschließlich aller Schwächen und Unvollkommenheiten.[11]
- Behandle jeden Gedanken und jedes Gefühl – egal wie fröhlich oder düster – als Gast, denn alles kann dich auf deinem Weg weiterbringen.[12]
- Denke an die Brote und die Fische. Gott ist die Quelle meines Lebens (Johannes 6,1-13).
- Denke an den Lachs: Weiche dem Schlag nicht aus, sondern wende dich ihm zu, damit du Geheimnis und Gnade erfährst.

Der letzte Punkt erinnert mich daran, dass die Entscheidung, nicht länger das Leben eines anderen zu leben, der Situation eines Lachses ähnelt, der gegen eine starke Strömung anschwimmt. Wenn für einen Lachs die Laichzeit kommt, schwimmt er stromaufwärts und überwindet sogar Wasserfälle, so als ob die Schwerkraft für ihn nicht gälte. Er weiß instinktiv, wie er seine Unterseite – von der Mitte zum Schwanz – am günstigsten zur Strömung stellt. So erwischt sie ihn auf der größtmöglichen Fläche und die Wucht schleudert den Lachs immer höher. Dieser Vorgang wiederholt sich so oft, bis er das Hindernis tatsächlich überwunden hat. Die besondere Positionierung in die Strömung hinein schleudert den Lachs immer höher in die Luft, sodass es von Weitem aussieht, als würde er fliegen.

Wenn Sie Ihre Integrität entdecken, Ihren inneren Rhythmus beachten und loslassen, wie der Lachs es tut, wenden Sie sich gegen starke Strömungen, die in Ihnen und in Ihrer Kultur herrschen. Das Wunder daran ist, dass Sie einen mächtigen Wasserfall überspringen, der Sie wegzureißen droht. Und Sie erleben die Schönheit Ihres wunderbaren von Gott geschenkten Lebens, indem Sie von nun an die Anweisungen aus Gottes „versiegeltem Umschlag" umsetzen.

Entscheiden Sie sich für ein ungeteiltes Leben[13]

Vielleicht haben Sie dieses Buch begonnen, weil Sie Lösungen für bestimmte Probleme suchten. Vielleicht hat auch der Titel die leise Hoffnung in Ihnen geweckt, dass Ihnen endlich jemand die Erlaubnis erteilt, einen anderen Menschen aus Ihrem Leben zu verbannen. Meine Absicht mit diesem Buch ist aber zu zeigen, welche Veränderungen durch unsere Beziehung zu Christus möglich sind und wie falsch verstandene biblische Aussagen neu überdacht und anders verstanden werden können.

Gott sei Dank bin ich seit dem Zeitpunkt, als ich unsere Gemeinde verließ, ein anderer Mensch geworden. Ich habe erlebt, wie unglaublich befreiend es ist, wenn man aufhört, so zu tun, als sei alles in Ordnung, und sich dafür entscheidet, Dinge anders anzugehen. Wenn man sich für das Leben und gegen den Tod entscheidet.

Mein größtes Ziel ist es, aufrichtiger zu lieben – Gott, mich selbst und andere – und diese acht „Schluss-jetzt-s" waren mir beim Erreichen dieses Ziels die größte Hilfe. Ich werde sie auch weiter beachten und zulassen, dass Gott mich für den Rest meines Lebens durch sie verändert.

Meine „Schlussstriche" brachten mich von der Illusion zur Realität, von der Dunkelheit zum Licht, von der Täuschung zur Wahrheit, von innerer Gebundenheit zu innerer Freiheit, von Traurigkeit zur Freude, von Angst zum Frieden, von Hass zur Liebe, von Blindheit zum Sehen. Ich weiß nicht viel, aber ich verstehe genau, was der Blinde meint, den Jesus geheilt hat: „Ich weiß nur eins: Ich war blind und kann jetzt sehen" (Johannes 9,25).

Zum Schluss möchte ich noch eine Einladung aussprechen, die Ihr Leben verändern kann: Treffen Sie heute eine „Rosa-Parks-Entscheidung". Rosa Parks war eine Farbige. Sie lebte in den 1950er-Jahren – der Zeit der Rassentrennung – im Süden der USA. Sie war es leid, so zu tun, als sei alles in Ordnung, obwohl nichts in Ordnung war. Parker Palmer erzählt ihre Geschichte folgendermaßen:

> Es war am 1. Dezember 1955 in Montgomery, Alabama. An diesem Tag tat Rosa Parks etwas, das sie eigentlich nicht durfte: Sie setzte sich im Bus auf einen nur für Weiße reservierten Platz – in einer rassistischen Gesellschaft eine gefährliche Sache, die eine gewaltige Provokation darstellte. [Auf die Frage]: „Warum haben Sie sich damals ausgerechnet auf diesen Platz gesetzt?", antwortete Rosa Parks nicht, dass sie den Anstoß zu einer Bürgerbewegung hatte geben wollen ... Sie sagte: „Ich habe mich dorthin gesetzt, weil ich einfach müde war." Und damit meinte sie: Meine Seele war müde, mein Herz war müde, mein ganzes Ich war einfach müde.[14]

Rosa Parks entschied sich an diesem Tag dafür, für ihr Leben nicht länger eine Teilung zu tolerieren. Sie würde nicht länger nach außen etwas leben, was in krassem Widerspruch zu ihrer inneren Integrität stand. Sie weigerte sich, nach außen ein Lächeln aufzusetzen, während innen die Tränen flossen.

Ich wünsche Ihnen, dass Sie die gleiche Entscheidung treffen. Dass Sie mit Gottes Hilfe den Mut finden, Ihr Leben heil und ganz zu machen. Dass Sie die Kraft des Heiligen Geistes entdecken, der durch Ihr Leben wehen und etwas Neues und Schönes beginnen will. Denken Sie immer daran: Es ist nie zu spät, einen Schlussstrich zu ziehen.

Anmerkungen

Einleitung: Wenn man es einfach nicht mehr aushält

1   Joe Simpson, *Sturz ins Leere: ein Überlebenskampf in den Anden* (München: Piper, 2009) S. 120–21, 126. Der Text in diesem Kapitel stützt sich auch auf Interviews mit den Bergsteigern im gleichnamigen Film.

Kapitel 1: Schluss mit: Was denken die anderen von mir?

1   G. R. Evans, trans., *Bernhard of Clairvaux: Selected Works*, Classics of Western Spirituality (Mahwah, NJ: Paulist Press, 1987), 173–205.

2   In bearbeiteter Form aus David Schnarch, *Resurrecting Sex* (New York: HarperCollins, 2003), 120–21.

3   Paulus erinnert Petrus an die zentrale Botschaft des Evangeliums. Allein durch den Glauben an Christus und durch den Sieg am Kreuz nimmt Gott den Sünder an. Das ist der Weg zur Rettung für alle, Juden wie Heiden.

4   Parker J. Palmer, *Let Your Life Speak: Listening to the Voice of Vocation* [Lass dein Leben sprechen: Auf die Stimme der Berufung hören] (San Francisco: Jossey Bass, 2000), 56–72.

Kapitel 2: Schluss mit Lügen

1   Virginia Satir, John Banmen, Jane Gerber und Maria Gomori, *Das Satir-Modell: Familientherapie und ihre Erweiterung* (Paderborn: Junfermann, 1995), 301.

[2] www.livescience.com/health/060515_why_lie.html (Anmerkung der Übers.: Die Adresse ist nicht mehr aktiv. Die Studie von Feldman findet sich – im April 2011 – unter livescience.com/772-lie.html.)

[3] Sue Monk Kidd, *Schmetterlingszeit: Mein Weg zum Glück* (München: btb, 2006), 163.

[4] Sandra Wilson, *Released from Shame: Moving Beyond the Pain of the Past* (Downers Grove, IL: InterVarsity Press, 1990), 78.

Kapitel 3: Schluss mit falscher Selbstverleugnung

[1] In 2. Timotheus 1,8 schreibt Paulus: „Sei auch du bereit, für das Evangelium zu leiden. Gott wird dir die Kraft dazu geben."

[2] Für eine umfassende biblische Erläuterung zum Geschenk von Grenzen s. Kapitel 8: „Empfange das Geschenk der Grenzen" von Peter Scazzero, aus: D*as Paulus-Prinzip. Warum Schwäche ein Gewinn sein kann (*Marburg: Francke, 2008).

[3] Henri J. M. Nouwen, *The Return of the Prodigal Son: A Meditation on Fathers, Brothers and Sons* [Die Rückkehr des verlorenen Sohnes: Eine Meditation zu Vätern, Brüdern und Söhnen] (New York: Doubleday, 1992), 101.

[4] Als Hilfe für das „Gebet der liebenden Aufmerksamkeit" empfehlen wir folgendes Buch: Dennis Linn, Sheila Fabricant Linn und Matthew Linn, *Sleeping with Bread: Holding What Gives You Life* [Schlafen mit Brot: Festhalten, was Leben schenkt] (Mahwah, NJ: Paulist Press, 1995). – Im deutschen Sprachraum gibt es viele gute Hinweise auf Internetseiten unter dem Stichwort „Gebet der liebenden Aufmerksamkeit".

[5] Eugene H. Peterson, *Eat This Book: A Conversation in the Art of Spiritual Reading* [Iss dieses Buch: Ein Gespräch über die Kunst des spirituellen Lesens] (Grand Rapids: Eerdmans, 2006), 71.

6 David muss reagieren, als der Prophet Nathan ihn mit Lüge und Ehebruch konfrontiert (2. Samuel 11-12). Und auch sein Stolz muss weichen, als er die Volkszählung aller wehrfähigen Männer durchführt (1. Chronik 21,1-17).

7 Suchen Sie sich aus dem großen Angebot das für Sie passende heraus: DISG-Modell, Myers-Briggs, NEO-Fünf Faktoren Inventar, Enneagramm etc.

8 Auch der von Don Richard Riso und Russ Hudson entwickelte Fragebogen kann eine Hilfe sein: *The Riso-Hudson Enneagram Type Indicator* (Stone Ridge, NY: Enneagram Institute, 2000) oder www.enneagraminstitute.com (Online-Version).

9 S. Richard Rohr, *Das Enneagramm. Die 9 Gesichter der Seele* (München: Claudius, 2010 (46. Aufl.)); Renee Baron und Elizabeth Wagele, *Das Enneagramm leichtgemacht; entdecken Sie das System der 9 Archetypen* (München: Droemer Knaur, 1996).

Kapitel 4: Schluss mit der Verdrängung von Wut, Traurigkeit und Angst

1 Nach zitate-welt.de/zitate/autor.php?autor=Aristoteles&id=59& eintrag=20

2 Nach Michael Yapkos Vorlesungen aus *Calm Down! A Self-Help Program for Managing Anxiety* [Beruhige dich! Ein Selbsthilfeprogramm für den Umgang mit Angst] (Audio-CD-Programm) (Fallbrook, CA: Yapko Publications, 2008).

3 In Henri J. M. Nouwen, *Der Kelch unseres Lebens: ganzheitlich Mensch sein* (Freiburg i. Br., Basel, Wien: Herder, 1997).

Kapitel 5: Schluss mit Schuldzuweisungen

[1] Virginia Satir entwickelte das sogenannte Self-Esteem Maintenance Tool Kit („Baukastensystem zum Erhalt der Selbstachtung"). V. Satir, Banmen, Gerber und Gomori, *Das Satir-Modell: Familientherapie und ihre Erweiterung* (Paderborn: Junfermann, 3. Aufl. 2000), 293–97.

[2] Peter L. Steinke, *Congregational Leadership in Anxious Times: Being Calm and Courageous No Matter What* [Leitungsdienst in der Gemeinde in unruhigen Zeiten: Ruhig und mutig bleiben – komme, was da wolle] (Herndon, VA: Alban Institute, 2006), 81.

[3] Ausführlicher zum Thema Sabbat s. Peter Scazzero, *Glaubensriesen – Seelenzwerge? Geistliches Wachstum und emotionale Reife* (Gießen: Brunnen, 2008), 165–73.

Kapitel 6: Schluss mit Überengagement

[1] Das Gedicht „Millie's Mother's Red Dress" von Carol Lynn Pearson (www.clpearson.com) wurde veröffentlicht in der Anthologie *Beginnings and Beyond* (Cedar Fort, Utah, 2005).

[2] Für eine exzellente Darstellung von Überengagement s. Harriet Goldhor Lerner, *Zärtliches Tempo* (Frankfurt: Fischer Taschenbuch Verlag, 2001).

[3] Zitiert aus einer Vorlesung von Ed Friedman, nachzulesen unter www.leadershipinministry.com/may_i_help_you%3F.htm.

Kapitel 7: Schluss mit falschem Denken

1   Ein Pastor, Supervisor und Mentor ist immer auch eine Autorität und Beziehungen bewegen sich auf der Lehrer/Berater-Ebene. Auch zu der Rolle des Arbeitgebers gehört ein gewisses Maß an Autorität und Macht. Bei Freundschaften ist das anders. Erwartungen und Anforderungen sind minimal. Macht und Autorität sind gleich verteilt. Grenzen sind anders. Freundschaft entsteht eher unter Menschen, die auf einer Ebene miteinander stehen und nicht so sehr in Lehrer/Berater-Beziehungen.

2   Über Gehirnareale, in denen rationales, reflexives Denken stattfindet, sowie Areale, die zu eher impulsiven und unbedachten Reaktionen führen, ist intensiv geforscht worden. Mehr Informationen s. Daniel J. Siegel und Mary Hartzell, Gemeinsam leben, gemeinsam wachsen: Wie wir uns selbst besser verstehen und unsere Kinder einfühlsam ins Leben begleiten können (Freiamt im Schwarzwald: Arbor Verlag, 2009), und Daniel Siegel, Das achtsame Gehirn (Freiamt im Schwarzwald: Arbor Verlag, 2007).

Kapitel 8: Schluss mit einem fremdbestimmten Leben

1   Al Janseen, Gary Rosberg und Barbara Rosberg, *Your Marriage Masterpiece: Discovering God's Amazing Design for Your Life Together* [Ihre Ehe – ein Meisterwerk: Gottes guten Entwurf für das gemeinsame Leben entdecken](Wheaton, IL: Tyndale, 2008), 15–18.

2   Palmer, *Let Your Life Speak*, a.a.O., 17–18.

3   Dieser Begriff wird von Agnes Sanford verwendet, *Sealed Orders* (Alachua, FL: Bridge-Logos, 1972).

4   Dennis Linn, Sheila Fabricant Linn und Matthew Linn, *Sleeping with Bread*, a.a.O., 21.

5   S. Michael D. Yapko, *Breaking the Patterns of Depression* [Depressionsmuster durchbrechen] (New York: Broad Books, Random House, 1997), 284–320.

6 Steinke, *Congregational Leadership in Anxious Times*, a.a.O., 26.

7 Dieser Gedanke kam mir, als ich mich mit dem Gedicht „Wild Geese" von Mary Oliver beschäftigt habe. Zu finden ist es unter: www.english.illinois.edu/MAPS/poets/m_r/oliver/online_poems. htm. Zu lieben, was man liebt, ist eine Möglichkeit, Gott zu ehren.

8 Auch dieser Gedanke stammt aus Mary Olivers Gedicht „Wild Geese". Leiden um des Leidens willen macht keinen guten Menschen aus uns. Jesus möchte Barmherzigkeit, kein Opfer (Matthäus 9,13).

9 In Scazzero, *Das Paulus-Prinzip. Warum Schwäche ein Gewinn sein kann* geht es in Kapitel 8 darum, wie man unterscheiden kann zwischen gottgegebenen Grenzen, die beachtet werden, und Grenzen, die wir nach Gottes Willen durchbrechen sollen.

10 Dies ist eine Zeile aus dem Gedicht „Once in Regions Void of Light" von Helen Keller. Zu finden ist es unter: www.abadeo. com/books/keller. html. Der Ausdruck „verborgene Schätze" stammt aus Jesaja 45,3, wo Gott sagt: „Die verborgenen Schätze und die versteckten Reichtümer gebe ich dir."

11 Diese Zeile stammt aus dem Gedicht „The Wisdom of the Deer" von Kent Osborne. Die Weisheit des Wildes soll die eigene Würde widerspiegeln und die Schönheit der eigenen Geschichte, und zwar der ganzen Geschichte. Sich in der momentanen Situation zu kennen – auch mit allen Schwächen und Unvollkommenheiten – ist ein Schatz.

12 Aus dem Gedicht „The Guest House" von Rumi. www.panhala. net/Archive/The_Guest_House.html.

13 Diesen hilfreichen Ausdruck habe ich zuerst von Parker Palmer gelernt in *A Hidden Wholeness: The Journey toward an Undivided Life* [Eine verborgene Ganzheit: Der Weg zu einem ungeteilten Leben] (San Francisco: Jossey Bass, 2004).

14 Palmer, *Let Your Life Speak*, a.a.O.,32–33.

Peter Scazzero

Mitten am Tag
bist du mir nah

Acht Wochen mit dem Tageszeitgebet

224 Seiten, Klappenbroschur
ISBN 978-3-7655-4159-9

Beim Glauben geht es um eine Liebesbeziehung. Aber Liebe will gestaltet sein.

Peter Scazzero zeigt einen Weg, wie das Gebet von einer Wunschliste an Gott zum Ausdruck der Liebe zu Gott werden kann. Die alte Übung des Tageszeitengebets ist ein Hilfsmittel, wie Menschen in der Hektik des Alltags die Kraftquellen der Liebe Gottes mehr und mehr erschließen können.

Ein Acht-Wochen-Programm für erste Erfahrungen mit dem Tageszeitengebet.

BRUNNEN VERLAG GIESSEN
www.brunnen-verlag.de

Peter Scazzero

Glaubensriesen –
Seelenzwerge?

Geistliches Wachstum
und emotionale Reife

240 Seiten, Paperback
ISBN 978-3-7655-1494-4

Peter Scazzero beschreibt in diesem Buch Symptome eines Glaubens, der emotional unreif geblieben ist. Er deckt auf, warum herkömmliche Vermittlungswege von Glaubenswachstum oft einer Reifung der Persönlichkeit geradezu im Weg stehen. Und er skizziert den Weg zu einem ganzheitlichen, erwachsenen Glauben, auf dem die emotionale Reife nicht auf der Strecke bleibt. Denn er ist überzeugt:

„Das größte Geschenk, das die Kirche unserer Welt machen kann, liegt darin, eine Gemeinschaft von emotional erwachsenen Menschen zu werden, die gelernt haben, wie man liebt."

BRUNNEN VERLAG GIESSEN
www.brunnen-verlag.de

Peter und Geri Scazzero

Glaubensriesen – Seelenzwerge?

Begleitkurs für Gruppen
und Selbststudium

80 Seiten, Geheftet
ISBN 978-3-7655-0881-3

Warum ist gerade unter Christen das menschliche Miteinander oft so schwierig? Warum gibt es gerade hier so viele Konflikte? Peter Scazzero sieht die Ursache in einem Glauben, der emotional unreif geblieben ist. Erfahren Sie, welcher Weg zu einem ganzheitlichen, erwachsenen Glauben führt, auf dem die emotionale Reife nicht auf der Strecke bleibt. In sieben Gesprächseinheiten bietet dieser Begleitkurs zum Buch

- Vertiefung durch ergänzendes Bibelstudium
- Anleitung für das Gruppengespräch
- Konkrete Schritte zur Umsetzung
- Hinweise für Gruppenleiter

BRUNNEN VERLAG GIESSEN
www.brunnen-verlag.de